自治体政府の福祉政策

加藤良重

［著］

公人の友社

はしがき

　日本の社会は、都市型社会への移行とあいまって、少子高齢化が急激にすすんでおり、総人口も減少局面にはいってきた。この人口構造の変化は、福祉政策ないし社会保障制度のあり方に最もおおきな影響をあたえている。一方、自治体・国においては、税財源の限界に直面しているうえに、ムダづかいもあって、膨大な額の借金をかかえながら幾多の政策課題の解決をせまられている。このようななかで、「制度の持続可能性」あるいは「負担の適正化」の名のもとに、市民の社会保障負担はふえ、うける福祉サービスは抑制・削減されている。

　自治体は、2000年分権改革によって国から自立した政府としての地位が明確にされ、その権限の強化がはかられた。また、福祉政策の分野においては、20世紀後半の「社会福祉の基礎構造改革」により抜本的な政策・制度の改革がおこなわれた。現在もその延長線上にあって、政策・制度改革が頻繁におこなわれているが、福祉政策の領域における自治体の役割は、ますますおおきなものになってきている。

　本書では、政府としての自治体（自治体政府）の位置・役割を確認し、福祉をめぐる環境の変化を整理し、政策・計画と法務・財務の意義をあきらかにして、自治体とくに基礎自治体の福祉政策・制度とこれに関連する国の政策・制度についてできるかぎり解りやすくのべ、問題点・課題の指摘と改革の提起もおこなった。ただ、まとまった文献のすくない「福祉教育・福祉文化」については、不十分な内容であり、とくにご批判をお願いしたい。筆者は、幸いにも、2000年分権改革と社会福祉の基礎構造改革のさなかに、基礎自治体で福祉分野の実務・実践経験をもつことができた。定年退職後には、自治体職員研修所や大学などでの講義の機会をあたえていただいてきている。また、長年にわたる自主研究会において、多数の自治体職員や研究者から実におおくのことを学ばせていただいた。本書の内容は、これらの経験・実践や学んできたことに負うところがおおきい。

　今回も、公人の友社社長武内英晴さんの薦めと激励をうけての出版であり、感謝の言葉をくり返すだけである。また、芳須浩彰さん（元小金井市議会事務局長）に校正などでご協力をいただいたことを記してお礼としたい。

本書の用語などの使用は、次のとおりとした。
1　主権者という意味で、原則として「住民」でなく「市民」とした。「市民」には、市区町村民、都道府県民および国民をふくめている。
2　特別区（東京23区）は、原則として市町村または基礎自治体にふくませている。また、市区町村と都道府県をあわせて「自治体」としている。
3　「市」の権限・事務にわたる部分は、主として一般の市についてのものであり、指定都市、中核市および特例市には特例が認められていることに注意を要する。
4　引用法律の条名は、基本的なものについてだけ表示し、内容もできるかぎり簡略化し、条文の「第」を省略している。

目　　次

第1章　自治体政府と福祉環境の変化

1　自立課題をもつ自治体政府 …………………………………………… 3
　（1）日本の政府　（2）自治体政府　（3）政府の存立根拠　（4）政府の役割
2　福祉環境の変化 ………………………………………………………… 9
　（1）人口構造の変化　（2）分権改革　（3）福祉改革　（4）財務の緊迫
　（5）格差の拡大

第2章　自治体計画と福祉政策

1　自治体政策 ……………………………………………………………… 31
　（1）政策の意義　（2）政策の構造　（3）政策サイクル　（4）福祉政策
　（5）政策責任
2　自治体計画 ……………………………………………………………… 38
　（1）自治体総合計画　（2）政策分野別計画　（3）個別計画　（4）福祉計画
3　自治体政策と法務・財務 ……………………………………………… 45
　（1）計画と法務・財務　（2）福祉法務　（3）福祉財務

第3章　高齢者福祉政策

1　一般的福祉施策 ………………………………………………………… 59
　（1）高齢者福祉の理念　（2）基本的高齢者福祉施策
2　高齢者の所得施策 ……………………………………………………… 62
　（1）公的年金制度　（2）高齢者の就労　（3）リバース・モーゲージ制度
3　高齢者虐待の防止施策 ………………………………………………… 68
　（1）虐待防止法の制定　（2）虐待の態様　（3）虐待の通報等
　（4）自治体の役割

4 介護保険制度 ………………………………………………………………70
  (1) 介護保険制度の導入と見直し　(2) 介護保険の基本理念
  (3) 介護保険の仕組み　(4) 介護保険の利用手続
  (5) 予防重視型システム　(6) 介護保険の財源
  (7) サービス事業者・施設　(8) 介護保険事業計画
  (9) 権利保護

第4章　子ども家庭福祉政策

1 子どもと子ども福祉の原理 ……………………………………………99
  (1) 子どもの定義　(2) 子ども福祉の原理
2 子育て・子育ち施策 ……………………………………………………100
  (1) 認定子ども園　(2) 保育所　(3) 保育所以外の保育
  (4) 子ども家庭支援センター
3 助産・手当 ………………………………………………………………108
  (1) 助産施設　(2) 子ども手当制度
4 子どもの健全育成施策 …………………………………………………109
  (1) 放課後子どもプラン　(2) 児童館　(3) 児童遊園
5 保護を要する子ども施策 ………………………………………………112
  (1) 母子生活支援施設　(2) 乳児院　(3) 児童養護施設
  (4) 児童自立支援施設　(5) 里親制度
6 こども虐待の防止施策 …………………………………………………114
  (1) 虐待防止法の制定　(2) こども虐待の態様　(3) 子ども虐待への対応
  (4) 自治体の役割
7 ひとり親家庭福祉施策 …………………………………………………116
  (1) ひとり親家庭福祉の理念　(2) 個別福祉施策
8 少子化対策 ………………………………………………………………117
  (1) 集中的な取り組み　(2) 自治体行動計画

第5章　障害者福祉政策

1　障害者と障害者福祉の基本理念 ……………………………… 123
　（1）障害者と手帳制度　（2）障害者の区分　（3）障害者福祉の基本理念
2　障害者自立支援制度 …………………………………………… 126
　（1）自立支援制度の創設　（2）自立支援制度の構成　（3）自立支援給付
　（4）地域生活支援事業　（5）障害福祉計画　（6）費用負担　（7）審査請求
　（8）介護保険制度との関係
3　障害者の就労・雇用施策と障害者手当 ……………………… 137
　（1）福祉的就労と一般就労　（2）法定雇用率制度　（3）障害者手当
4　難病者施策 ……………………………………………………… 140
5　発達障害者支援施策 …………………………………………… 141

第6章　生活困窮者福祉政策

1　生活保護の実施 ………………………………………………… 145
　（1）生活保護の目的　（2）生活保護事務の性質　（3）実施機関
　（4）生活保護の手続
2　生活保護の原理・原則 ………………………………………… 148
　（1）生活保護の原理　（2）生活保護の実施原則
3　生活保護の種類・範囲・方法と保護施設 …………………… 150
　（1）生活保護の種類・範囲・方法　（2）保護施設
4　生活保護基準と保護費の算定 ………………………………… 152
　（1）生活保護基準　（2）生活保護費の算定　（3）長期生活資金制度
5　被保護者の権利・義務 ………………………………………… 155
　（1）被保護者の権利　（2）被保護者の義務　（3）罰則
6　法外援護 ………………………………………………………… 157
7　ホームレス対策 ………………………………………………… 158

第7章　保健医療政策

1 健康づくり・疾病予防 …………………………………………………161
　（1）疾病構造の変化　（2）健康日本21　（3）健康増進対策
2 健康保険 …………………………………………………………………164
　（1）医療保険制度　（2）市町村国民健康保険
3 高齢者の保健医療 ………………………………………………………169
　（1）保健医療制度の改正　（2）高齢者保健事業　（3）後期高齢者医療制度
　（4）前期高齢者医療制度
4 母子保健 …………………………………………………………………173
　（1）健やか親子21　（2）母子保健事業

第8章　福祉の担い手

1 個人・公職者 ……………………………………………………………177
　（1）市民・ボランティア　（2）民生委員・児童委員　（3）保護司
2 法人・団体 ………………………………………………………………178
　（1）社会福祉法人　（2）社団法人・財団法人　（3）非営利法人
　（4）営利法人
3 行政機構 …………………………………………………………………186
　（1）福祉事務所　（2）児童相談所　（3）保健所　（4）内部組織機構
4 専門職・自治体職員 ……………………………………………………189
　（1）専門職　（2）自治体職員
5 ネットワークの構築 ……………………………………………………194

第9章　福祉教育と福祉文化

1 福祉教育 …………………………………………………………………199
　（1）福祉教育の必要性　（2）福祉教育の実践
2 福祉文化 …………………………………………………………………202
　（1）福祉文化の意義　（2）差別問題　（3）福祉のまちづくり

<資料編>

第1章関係 …………………………………………………………………210
 1 市町村数の変遷 2 人口構造の変化 3 国の福祉プラン
 4 自治体の財政状況 5 非正規労働者の状況

第2章関係 …………………………………………………………………215
 1 福祉政策関係条例（A市の例） 2 主要な福祉政策関係法律
 3 福祉政策経費

第3章関係 …………………………………………………………………219
 1 老人福祉施設設置数の推移 2 年金額
 3 老人クラブ数・会員数の推移 4 シルバー人材センターの実績の推移
 5 高齢者虐待件数 6 介護保険

第4章関係 …………………………………………………………………222
 1 児童福祉施設の設置状況 2 設置者別幼稚園数・園児数の推移
 3 子ども手当額 4 こども虐待相談対応件数
 5 里親数の推移

第5章関係 …………………………………………………………………224
 1 障害者手帳交付台帳登載数 2 障害者の就労状況等
 3 障害者手当 4 特定疾患医療受給者証所持者数

第6章関係 …………………………………………………………………226
 1 被保護世帯数・世帯類型別被保護世帯数の推移
 2 被保護実人員・保護率・扶助の種類別扶助人員の推移
 3 保護開始の主な理由別世帯数の構成割合の推移
 4 生活扶助基準の例
 5 全国のホームレスの数

第7章関係 …………………………………………………………………228
 1 死因別死亡数の推移 2 医療費の動向

第 8 章関係 ･･229
  1 民生委員・児童委員数の推移 2 社会福祉法人数の推移
  3 共同募金会の募金実績額の推移 4 特定非営利活動法人
  5 医師・歯科医師・薬剤師数の推移 6 社会福祉士等登録者数
  7 自治体職員数

第1章　自治体政府と福祉環境の変化

【要　点】

1） 自治体は、2000年分権改革によって、国と対等・協力の関係にたつ自立した政府となった。今日、自治体は、地域における政策を自主的・総合的に実施する役割をひろくにない、国は、自治体政策に関してはその全国基準や枠組みをつくることを基本的な役割とする。

2） 福祉政策についてみると、それは地域でくらす人びとの日常生活に密接にかかわることであるから、自治体なかんずく地域でくらす人びとにもっとも身近な基礎自治体の役割にふさわしい。したがって、基礎自治体は、福祉政策の立案・実施（福祉行政）の中心的な存在となっている。自治体予算では、きびしい財政状況下にあっても福祉関係経費がおおきな比重をしめ、しかも他の経費が削減・抑制されるなかで、年々、増大しつづけている。基礎自治体の職員数は、福祉部門が際だっておおくなっている。

3） 近年における自治体をとりまく福祉環境は、日本の都市型社会への移行とあいまって、急激にしかも構造的に変化している。なかでも、少子化・高齢化・人口減少という人口構造の変化が最大のものであり、福祉政策・制度におおきな影響をあたえている。

4） 日本の政治・行政においては、20世紀後半にはいり、旧来の仕組みが制度疲労をおこして、社会経済の構造的変化に対応することが困難になってきた。そのために、分権改革、中央省庁改革、規制改革などが不可避のものとなり、福祉の分野ではその基礎構造の改革（福祉改革）を必要とした。

5） 一方、自治体は、おおくの政策課題に直面しながら、政策の実現に要する経費の財源が逼迫し、そのうえ膨大な額の長期債務をかかえて、その財政運営に困難をきたしている。

1 自立課題をもつ自治体政府

 (1) 日本の政府

　政府とは、一般に行政権を行使する国の機構である行政府（内閣）をさしているが、よりひろい意味では立法権および行政権を行使する機構（立法府および行政府）をそなえた組織のことである（最広義では、司法権を行使する機構である司法府もふくむ）。自治体は、日本国憲法（以下「憲法」という）94条により自治権すなわち自治立法権および自治行政権を保障され、その権限を行使する代表機構である議会および長をそなえている。したがって、自治体は、政府である国から独立・自立した課題をもつ政府（自治体政府）であって、国とは対等の関係のもとに、必要におうじて協力しあうことになる。後述の2000年分権改革は、このことを明示することになった。

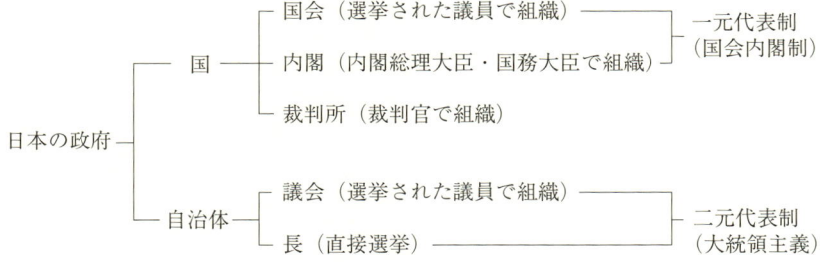

＜日本の政府＞

(2) 自治体政府

　自治体政府は、基礎自治体と広域自治体との二層制になっている。
　基礎自治体は、市・町・村および特別区（東京23区）（※1）に分けられ、市は、さらに、一般市、指定都市（※2）、中核市および特例市に分けられている。なお指定都市、中核市および特例市は、いずれも政令で指定される。特別区は、2000年分権改革に際し「基礎的な地方公共団体」として明文化された（地方自治法〔以下「自治法」という〕281条の2第2項）。市町村については、その行財政能力をたかめるためなどの理由から大小の合併がくりかえされてきている（巻末資料編参照）。合併は、任意の自主的なものであるべきで、きらり光る小さな自治体もあっていい。また、指定都市については、「自治」のために規模が適切であるか疑問である。
　広域自治体は、都道府県である。都道府県については、道州制の導入が課題となっている。
　自治体の地方自治法上の呼称は、市町村（「基礎的な地方公共団体」）および都道府県（「広域的な地方公共団体」）を「普通公共団体」、特別区や組合（一部事務組合・広域連合など）などを「特別地方公共団体」とし、あわせて「地方公共団体」とされている。だが、市町村・特別区および都道府県は、自治の主体であるからこれらをあわせて「自治体」とよび、また、この自治体は、国と対等の政府であることから「自治体政府」として積極的に位置づけておきたい〔これまで「中央政府」・「地方政府」としてきた〕。

※1　特別区
　特別区は、東京23区で、法人格をもつ基礎自治体である。区民の代表機構として、議会および区長が設けられており、議会議員および区長は、区民の直接選挙で選ばれている。指定都市の「区」は、「行政区」として指定都市を地理的に区分したもので、法人格をもたず、市の一部としてその地域内においてその市の一部の事務を処理している。

※2　指定都市
　地方自治法では、政令で指定する人口50万人以上の市を「指定都市」としている（同法252条の19第1項）が、財務統計などでは「大都市」の語がつかわれている。本文のように、中核市および特例市も政令で指定されるので「大都市」の語がより適切であるともいえる。

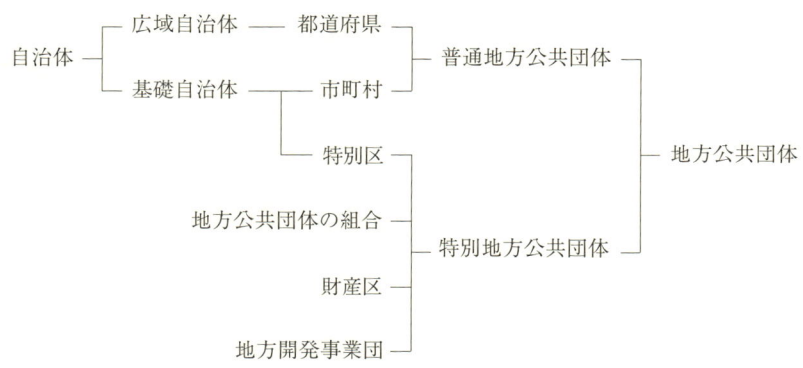

 (3) 政府の存立根拠

　政府としての自治体・国は、それぞれの政府課題を解決するために存在し、政府課題の解決を政治・行政（※3）という形でおこなっているが、その起点は、主権者としての市民にある。すなわち、主権者としての市民は、その生活している地域における政治・行政をおこなう権限（自治権）を地域の人びとを代表する機構つまり議会・長で構成される自治体政府に信託している。その信託は、主権者としての市民が「選挙」によって地域の代表機構をつくり、政治・行政をおこなうための財源として「納税」することによっておこなわれている。国政については、憲法前文に「そもそも国政は、国民の厳粛な信託によるものであって、その権威は国民に由来し、その権力は国民の代表者がこれを行使し、その福利は国民

※3　政治・行政
　政治と行政の意義については、政策過程およびその主な担い手との関係で次のように整理しておく。政治は、主として、政策課題の提起、政策決定および政策実施の監視・制御をおこなうことで、選挙によって選ばれた代表機構（議会・長）によってになわれる。これにたいして、行政は、主として、政策の企画・立案と、政治によって決定された政策の実施および政策の評価をおこなうことで、代表機構の補助機構（職員組織）によってになわれる。

がこれを享受する。」と規定している。自治体の最高規範として制定されている自治基本条例おいても、議会および長の地位は市民の「信託」にもとづくことが明文化されるようになっている。市民は、自治体・国それぞれのレベルの政府に政治・行政をおこなう権限を信託しているのである（「複数信託論」）。なお、ここにおける納税と選挙の意義については、学校教育においても徹底をはかり、市民常識としていくべきである。

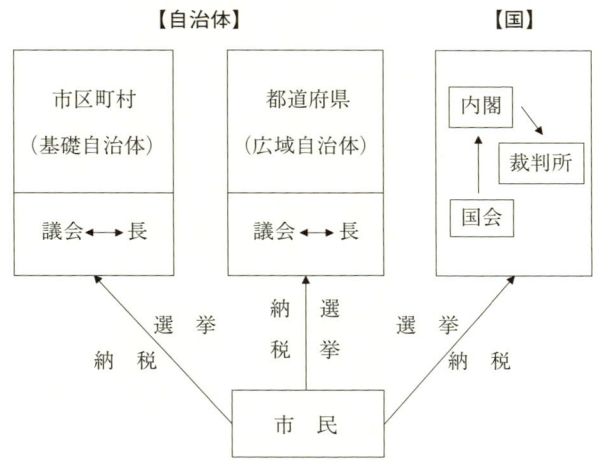

＜政府信託の関係＞

（4） 政府の役割

① 補完性の原則

地域の人びとがかかえる生活問題については、次のような補完性の原則にもとづいて解決にあたることが基本となる。

1) 放置できず解決を要する問題すなわち課題で、個人で解決できるものについては個人が解決にあたる（私領域）。
2) 個人で解決できない課題については、できるかぎり市民相互の協力により解決する（市民領域）。

3) 1)・2)で対応困難な課題については、政府としての自治体や国が解決にあたる（政府領域）。

3)の政府領域では、第一義的に基礎自治体が解決にあり、広域課題については都道府県が解決にあたって、全国規模の課題については国が解決にあたることになる。さらに、国際化社会では一国で解決できない国際的な課題には国際機構が解決にあたることになる。

<補完の関係>

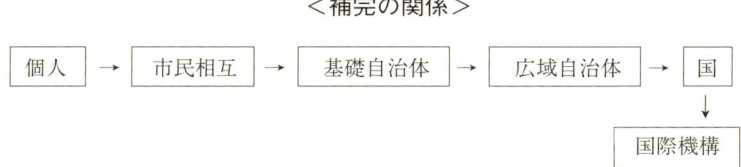

② 政府の役割分担

自治体の役割および自治体と国との役割分担は、次のとおり、2000年分権改革であきらかにされている（自治法1条の2・2条）。

ア 国の役割

国は、次にあげるような役割を重点的ににない、地域の人びとに身近な行政はできるかぎり自治体にゆだねることを基本として自治体との間で適切な役割を分担する。あわせて、自治体に関する制度の策定および施策の実施にあたって、自治体の自主性および自立性が十分に発揮されるようにしなければならない。

1) 国際社会における国としての存立にかかわる事務（外交、防衛、通貨など）
2) 全国的に統一してさだめることが望ましい国民の諸活動もしくは地方自治に関する基本的な準則に関する事務（生活保護基準、労働基準、地方自治制度など）
3) 全国的な規模・視点に立っておこなわなければならない施策・事業の実施（公的年金、宇宙開発、骨格的・基幹的交通基盤など）
4) その他の国が本来はたすべき役割

イ　自治体の役割

　自治体は、市民福祉の増進をはかることを基本として、地域における行政を自主的かつ総合的に実施する役割をひろくになう。

　（a）　基礎自治体の役割

　　　基礎自治体は、広域自治体が処理することとされている事務を除いた地域における事務を一般的に処理する。すなわち、自治体においては、基礎自治体の事務処理が原則となっている。基礎自治体は、前述のように区分されるが、このうち指定都市、中核市および特例市には、事務配分の特例が認められている。たとえば、児童相談所や保健所については、この3種の市には設置することとされているが、その他の市には設置することができるものとされている。また、福祉事務所については、市および特別区では設置されなければならないが、町村では任意設置である。児童相談所、保健所または福祉事務所を設置していない市町村については、都道府県の児童相談所、保健所または福祉事務所が所管する。なお、指定都市などには、国の行政関与（都道府県を介さない直接関与など）や指定都市の「行政区」の設置などの特例がある。

　　　特別区（東京23区）については、東京都との間で、首都圏としての一体的な行政の必要性などの理由から消防、上下水道などの事務については東京都が処理することとされている。

＜自治体の成立要件と行政機関の設置例＞

区分		成立要件	福祉事務所	児童相談所	保健所
村		—	任意	—	—
町		都道府県条例でさだめる。	任意	—	—
市		人口5万（合併特例3万）以上で、中心市街地戸数が全戸数の6割以上など	設置	設置可	設置可
	特例市	人口20万以上	設置	設置可	設置可
	中核市	人口30万人以上	設置	設置	設置
	指定都市	人口50万以上。実際上、100万程度（合併特例70万以上）	設置	設置	設置
特別区		地方自治法281条に規定	設置	—	設置
都道府県		法律でさだめる。	設置	設置	設置

注）福祉事務所の設置→社会福祉法14条1・3項、児童相談所の設置→児童福祉法12条1項・59条の4第1項、保健所の設置→地域保健法5条1項

(b) 広域自治体の役割

　都道府県は、市町村を包括する広域自治体として、地域における事務のうち次にあげるものを処理するが、都道府県知事の権限とされている事務の一部を条例のさだめるところによって、市町村に処理させることができる（条例による事務処理の特例）。
1) 広域にわたるもの（広域事務）
2) 市町村に関する連絡調整に関するもの（連絡調整事務）
3) その規模または性質において一般の市町村で処理することが適当でないと認められるもの（補完事務）

2　福祉環境の変化

(1)　人口構造の変化

　近年における日本社会の最大の構造変化は、急激な高齢化・少子化と総人口の減少である。その推移と将来推計をみておく。なお、人口統計上では、0歳から14歳までの「年少人口」、15歳から64歳までの「生産年齢人口」および65歳以上の「老年人口」の3区分が用いられている。

<人口の推移>

単位：千人（％）

年	総　数	0～14歳	15～64歳	65歳以上
1920	55,963	20,416 (36.5)	32,605 (58.3)	2,941 (5.3)
1950	84,115	29,786 (35.4)	50,168 (59.6)	4,155 (4.9)
1960	94,302	28,434 (30.2)	60,469 (64.1)	5,398 (5.7)
1970	104,665	25,153 (24.0)	72,119 (68.9)	7,393 (7.1)
1990	123,611	22,486 (18.2)	85,904 (69.5)	14,895 (12.0)
2005	127,768	17,521 (13.7)	84,092 (65.8)	25,672 (20.1)

出所）総務省「国勢調査」結果

＜人口の将来推計＞

単位：千人（％）

年	総数	0〜14歳	15〜64歳	65歳以上
2015	125,430	14,841　(11.8)	76,807　(61.2)	33,781　(26.9)
2025	119,270	11,956　(10.0)	70,960　(59.5)	36,354　(30.5)
2050	95,152	8,214　(8.6)	49,297　(51.8)	37,641　(39.6)
2055	89,930	7,516　(8.4)	45,951　(51.1)	36,463　(40.5)
2105	44,592	3,856　(8.6)	22,631　(50.8)	18,105　(40.6)

出所）国立社会保障・人口問題研究所「日本の将来推計人口」（2006年12月中位推計）。なお、2015年は参考推計

① 総人口の減少

　日本の総人口は、第二次世界大戦直後の1950年には約8,412万人、高度経済成長期をへて1970年に約1億466万人とふえつづけ、2005年には約1億2,777万人とピークになっている。

　将来推計では、減少局面にはいり、2025年に約1億1,927万人に減り、21世紀の中間時点をすぎた2055年には約8,993万人となってピーク時の約30％弱の減少である。

　なお、参考推計では2105年にピーク時の45％減の4,459万人へと大幅な減少になる。

② 高齢化の速さ・割合の高さ

　一般に、65歳以上の者を高齢者といい、65歳から74歳までの高齢者を「前期高齢者」、75歳以上の高齢者を「後期高齢者」とよんでいる。また、統計上では65歳以上の者の数を「老年人口」、老年人口の全人口にしめる割合を「老年人口割合」としているが、

■将来推計人口■

　国立社会保障・人口問題研究所は、定期的に将来人口推計をおこなって、公表している。この推計には、基準人口（国勢調査人口）、将来の生存率、将来の出生率、将来の出生性比率および将来の国際人口移動数（率）の5つのデータがつかわれる。このうち、出生数の将来については不確定要素がおおきいので、2006年12月推計では、次のような中位、高位および低位の3つの仮定をもうけて、合計特殊出生率を推計している。

中位の仮定：2005年1.26→2030年1.24→
　　　　　　 2055年1.26
高位の仮定：2005年1.26→2030年1.53→
　　　　　　 2055年1.55
低位の仮定：2005年1.26→2029年1.04→
　　　　　　 2055年1.06

本書では前者を「高齢者人口」、後者を「高齢化率」とよぶことにする。

高齢化率が7％をこえた社会を「高齢化社会（aging society）」、その倍の14％をこえた社会を「高齢社会（aged society）」とされている。また、高齢化率が7％から14％または10％から20％に到達するまでの所要年数を「倍化年数」という。

高齢者人口（かっこ内は高齢化率）の推移をみると、1950年に約416万人（4.9％）であったが、1970年には約739万人（7.1％）となって高齢化社会にはいり、2005年には約2,567万人（20.1％）へとその数・割合とも大幅にふえている。

高齢化率では、1970年に7.1％になり、超スピードで1994年には14％をこえて、24年間という世界に例をみない短い期間で倍化年数に到達している（因みに、ドイツ40年間、イギリス47年間、フランス115年間、イタリア61年間など）。

■国勢調査■
一般にいわれている国勢調査は人口国勢調査のことで、1920年から5年ごとに実施されている（第6回のみ1944）。西暦末尾が0の年には人口の年齢別、性別、配偶者関係などの基本項目や産業、職業、失業などの調査項目のおおい大規模調査がおこなわれ、その中間年は原則として基本項目だけの調査がおこなわれる。人口数は、経済・社会計画のもっとも基本的な数字で、国勢調査結果が行政の基礎資料としてつかわれている。

■国立社会保障・人口問題研究所■
国立社会保障・人口問題研究所は、1996年に当時の厚生省人口問題研究所と特殊法人社会保障研究所との統合により設立され、厚生労働省におかれている。同研究所では、政策立案の資料の提供と研究成果を社会に提供する目的で、社会保障のあり方に関する理論的・実証的研究、制度改革などに関する提案研究、先進国における出生率の動向、家族・世帯構成の変化、家族政策のあり方の研究などをおこなっている。

将来推計では、2025年に約3,635万人（30.5％）にふえ、2055年には約3,646万人（40.5％）と総人口の減少にともない高齢者数は減るがその割合はたかくなる。まさに「超高齢社会」といえる状況になる。このような高齢者数の増加は、平均寿命（※4）の伸びにみられる長寿化によるものであり（巻末資料参照）、高齢化率の伸びは長寿化による高齢者数の増加にくわえて出生数の減少の影響もある。なお、ここにあげてきた数値は全国平均であって、地域によっておおきな差がある。

③　子ども数の持続的減少
　日本の人口構造は、高齢化がすすむ一方で急激に少子化がすすんでいる。
　年少人口（0歳～14歳）の推移（かっこ内は全人口にしめる割合）をみると、1950年に約2,978万人（35.4％）であったが、1970年には約2,515万人（24.0％）に減って、その後、高齢者人口を下まわるようになって、2005年には約1,752万人（13.7％）にまで減少している。
　将来推計では、2025年に約1,196万人（10.0％）となり、2055年には約752万人（8.4％）まで減少し、「超少子社会」の現出である。
　年少人口の減少は、出生数・出生率の低下によるものであり（巻末資料参照）、それは総人口の減少をもたらす。

※4　平均寿命
　厚生労働省は、ある時期における年齢別死亡率が今後も一定不変なものとしたとき、各年齢に達っした者が平均してあと何年生きられるか（平均余命）をあらわした全国規模の「生命表」を作成・公表している。この生命表の0歳の平均余命が「平均寿命」で、保健福祉水準の総合的指標として活用されている。
　生命表には、完全生命表と簡易生命表の2種類があり、完全生命表は国勢調査の確定人口および人口動態統計の死亡・出生の確定数をもとに5年ごとに作成し、簡易生命表は各年の推計人口および人口動態統計の死亡・出生の概数をもとに簡略化された方法により毎年作成されている。

一定の人口を維持するために必要な出生率の水準である人口置換え水準は合計特殊出生率（※5）で2.07〜2.08の水準である。合計特殊出生率（ＴＦＲ）は、1人の女性が生涯にうむ子どもの平均数をあらわしている。この合計特殊出生率は、1950年に3.65であったが、1975年には1.91までさがり、さらに1989年の「1.57ショック」（※6）をへて、2005年には1.26で過去最低となった。2007年には前年につづき上昇して、1.34となったが、これは団塊ジュニア世代を中心とした出産がおおきな要因で、子どもをうむ女性の数の減少により出生数は持続的に減少していくものと予測される。

　出生率低下の要因として、従来から女性の晩婚化と非婚化が指摘されてきていたが、夫婦間にうまれる子どもの減少も問題となっている。

④　世帯構成の変化

　家族の単位である世帯の構成は、高齢・長寿化と少子化によって、とくに1990年代にはいっておおきく変化してきている。まず、核家族化・家族の小規模化がすすみ、平均世帯人員（一世帯あたりの平均家族数）は、3人以上であったものが、現在ではおおむね2.6人となっている。また、世帯構造別の割合では、三世代世帯が10％台から一ケタ台になる一方で、単独世帯および夫婦のみ世帯が10％台から20％台にふえ、世帯類型別の割合では高齢者世帯が10％未満から20％ちかくなっている（巻末資料参照）。

※5　合計特殊出生率（ＴＦＲ）
　　ＴＦＲ＝Total Fertility Rate
　　15歳から49歳までの女性の年齢別の出生率を合計したもの。
　　合計特殊出生率＝年齢別出生数／年齢別女性人口の15歳〜49歳の合計
※6　1.57ショック
　　1989年の合計特殊出生率が、それまで最低であった1966年の丙午（ひのえうま）の年の1.58を下まわり1.57となったことが、翌年明らかになり、高齢者扶養の負担増大、社会の活力低下などの懸念から「1.57ショック」として騒がれた。このことが一つの契機となり、国でも本格的に少子化対策に取り組むようになった。なお、丙午の年は火災がおおく、この年にうまれた女は夫を殺すというありえない「俗説」があった。

(2) 分権改革

① 機関委任事務を縮小・廃止

　国と自治体との関係では、中央集権的な仕組みである機関委任事務の縮小・廃止が長年にわたって最大の課題であった。

　ア　機関委任事務の自治体事務化

　1986年に、「地方公共団体の執行機関が国の機関として行う事務の整理及び合理化に関する法律」（機関委任事務整理合理化法）が制定され、10省庁にわたる43本の法律改正があり、50項目の機関委任事務が団体（自治体）事務化を中心に整理・合理化された。そのなかでは、当時の厚生省関係の事務がもっともおおく、児童福祉法、老人福祉法、身体障害者福祉法など15法律10数項目の改正がおこなわれた。これにより機関委任事務から自治体事務になったものには、保育所、助産施設、特別養護老人ホームなどの福祉施設への入所措置事務や身体障害者にたいする更正医療給付事務などがある。また、ショートステイ事業やデイサービス事業が市町村事務として明定された。

　この改正は、当時としては画期的なもので、その後の分権化への布石となったものであるといえる。

　その当時は、自治体が処理すべき事務として、自治体固有の公共事務（固有事務）、国から自治体に委任された団体委任事務および市民の権利義務にかかわる行政事務の三つの区分があり、それとは別に自治体の長など自治体の機関が国の下部機関として処理すべき事務として機関委任事務があった。この機関委任事務は、自治体の機関が処理する事務のうち、都道府県で7～8割程度、市町村で4～5割程度とみられていた。

　機関委任事務は、地方自治法において「国の機関としての都道府県知事（市町村長）の権限に属する国の事務」あるいは「長が国の機関として処理する行政事務」とされ、次のような内容・性格をもっていた。

　　1）　機関委任事務の処理については、都道府県にあっては主務大臣、市町村にあっては都道府県知事および主務大臣の指揮監督権をうける。
　　2）　機関委任事務の管理・執行に法令違反などがある場合には、主務大臣（市

町村長にたいしては都道府県知事）は自治体の長にたいして是正勧告、執行命令、職務執行命令訴訟の提起および代執行をおこなうことができる。
3）　機関委任事務につき市町村長の処分に法令違反などがある場合には、都道府県知事は、その処分を取消・停止することができる。
4）　機関委任事務については、条例を制定することができない。
5）　機関委任事務については、議会の権限である調査権（自治法100条）がおよばない。

イ　機関委任事務の廃止
　1999年7月に、「地方分権の推進を図るための関係法律の整備等に関する法律」（地方分権一括法）が制定され、当時の厚生省所管の91本をふくむ475本の法律が改正され、2000年4月1日から施行された（本書では「2000年分権改革」という）。
　2000年分権改革は、国・地方をつうじる中央集権型の行政システムを自治体と国との関係を「対等・協力」のものとする地方分権型におおきく転換するものであった。その中心は、機関委任事務の廃止であり、それにともない新たな事務区分の設定および自治体にたいする国の関与の新たなルールの創設がおこなわれた。
　新たな事務区分は、自治事務と法定受託事務とされ、法定受託事務も国ではなく自治体の事務であるため、条例制定権および議会調査権を原則として行使できることになった。
　自治事務は、自治体が本来はたすべき役割にかかる事務で、これが基本となる。
　法定受託事務は、第1号法定受託事務および第2号法定受託事務に分けられている。第1号法定受託事務は、国が本来はたすべき役割にかかる事務であって、国においてその適正な処理をとくに確保する必要があるものとして法律・政令にとくにさだめるものである（生活保護事務、児童手当受給資格の認定など）。第2号法定受託事務は、都道府県が本来はたすべき役割にかかる事務であって、都道府県においてその適正な処理をとくに確保する必要があるものとして法律・政令にとくにさだめるものである（都道府県議会議員・知事の選挙事務など）。
　従来の機関委任事務は、自治事務、法定受託事務、国直轄事務および廃止の4つにふり分けられた。

自治体にたいする国などの関与については、主務大臣・知事の指揮監督権および知事の取消・停止権の規定は削除され、関与の再編がおこなわれた。関与の再編によって、関与の基本原則（法定主義、必要最小限および公正・透明性の諸原則）が確立され、新たな事務区分ごとに関与の基本類型（助言・勧告、資料の提出要求、協議など）がさだめられて、自治体と国との間の係争処理の仕組み（国地方係争処理委員会）が設けられた。

② 福祉分野の分権化
　国から自治体への権限・事務の委譲は、福祉分野が他の行政分野に先行し、しかも量的に最もおおかった。その主なものをみておく。

　ア　福祉8法の改正
　1990年に、老人福祉法、児童福祉法などの福祉8法律が改正され、ホームヘルプサービス、ショートステイおよびデイサービスのいわゆる在宅福祉の三本柱が「居宅介護支援事業」として市町村事務として明確に位置づけられた。また、福祉事務所をおいていない町村にも特別養護老人ホームおよび養護老人ホームの入所措置権限がうつされて、在宅福祉サービスと施設福祉サービスの一元化がはかられた。さらに、高齢者にたいする保健福祉サービスの総合的な供給をはかるために老人福祉計画と老人保健計画とを一体のもの（老人保健福祉計画）として策定することが自治体に義務づけられ、福祉分野に計画行政が本格的にとりいれられた。

　イ　高齢者福祉
　1997年に、深刻化する介護問題への対策として「介護保険法」が制定され、2000年4月1日から施行された。地方分権の流れのなかで、介護サービスには地域ごとの特性があること、地域ごとのサービス水準を保険料に反映させやすいことなどの理由から市町村が保険者とし運営責任をもつことになった。実施当初には混乱があったものの、市町村にとっては、地方分権をうけとめていく力量をしめすよい機会になった。
　2005年に、家庭や施設における高齢者を虐待から守るために、「高齢者虐待の防

止、高齢者の養護者に対する支援等に関する法律」(高齢者虐待防止法)が制定され、自治体の役割が明確にされた。

ウ　子ども家庭福祉

1997年に、児童福祉法の改正により、それまで国の予算措置でおこなわれていた学童保育（クラブ）事業が「放課後児童健全育成事業」として法制化され、実施主体には市町村以外に社会福祉法人その他の者が参入できるようになり、地域の実情におうじた多様な事業展開がはかれるようになった。

2000年に、「児童虐待の防止等に関する法律」（児童虐待防止法）が制定・施行され、児童にたいする虐待の禁止・防止・早期発見と虐待児童の保護・自立支援の対策の整備がはかられ、自治体の役割が明確にされた。

2003年に、児童福祉法の一部改正により、市町村の子育て支援事業として情報提供・相談・助言をおこなう事業、居宅・保育所などにおける児童養育支援事業などが追加・整備された。

2006年に、児童福祉法および児童虐待防止法の一部改正により、市町村に「要保護児童対策協議会」の設置規定が設けられ、また虐待防止について市町村の責任・責務が強化された。

2008年に、児童福祉法の一部改正により、新たに家庭的保育事業（保育ママ）、すべての子どもを対象とした一時預り事業、乳児家庭全戸訪問事業、養育支援訪問事業および地域子育て支援拠点事業を法定化し、市町村におけるサービスの実施の促進などをはかることとされた。

エ　障害者福祉

1999年に、精神保健及び精神障害者福祉に関する法律が一部改正され、精神障害者の居宅生活支援事業および社会復帰施設などの利用に関する相談・あっせん・調整などの事業が創設され、市町村事務とされた。

2000年に、知的障害者福祉法の改正によって、知的障害者厚生施設などへの入所、知的障害者短期入所、知的障害者地域生活援助事業、児童短期入所などにかかる事務が都道府県から市町村に委譲された。

2005年に、「障害者自立支援法」が制定され、障害者の自立支援を目的として、

身体・知的・精神の障害種別ごとに異なる法律にもとづいて提供されてきた福祉サービスや公費負担医療などは、共通の制度のもとで提供されることとなった。また、障害者自立支援制度では、サービスの提供主体が市町村に一元化され、その責任のもとに運営・実施されることになった。

　オ　保健・医療
　1994年に、保健所法（→地域保健法）や母子保健法などが改正されて、1997年に保健所の再編がおこなわれるとともに、妊産婦・乳幼児にたいする健康診査・保健指導などや地域の人びとを対象とした栄養相談・栄養指導などの保健所事務が市町村事務とされた。また、地域の保健活動の拠点として市町村保健センターが法定化された。これによって、市町村は妊婦および乳幼児を対象にした母子保健事業と40歳以上の市民を対象とした老人保健事業の実施主体となった。
　2002年に、国民の健康づくり・疾病予防の推進にむけた法的な基盤を整備するため「健康増進法」が制定され、国民の健康増進の総合的な推進がはかるため、自治体の健康増進事業などの規定がもり込まれた。
　2008年に、「高齢者の医療の確保に関する法律」（老人保健法の改正法）が施行され、高齢者の医療制度について、後期高齢者全員および一定の障害をもつ前期高齢者が加入する「後期高齢者医療制度」がスタートした。これにたいしては批判が噴出した。

　(3)　福祉改革

　第二次世界大戦後にできあがった福祉制度は、その後の社会経済の変化に対応できなくなり、とくに1990年代にはいってから構造的な改革がおこなわれてきた。

① 　福祉サービス利用の仕組みの転換

　ア　措置から契約へ
　福祉制度の構造改革の柱は、福祉の「措置」から「契約」による利用への福祉サービス利用の仕組みの転換である。

福祉の措置とは、福祉サービスの提供の可否・内容・提供者などを市町村長などの行政庁（措置権者）（※7）が、その権限（措置権）にもとづいて一方的に決定する仕組みである。このような決定の仕方を行政処分という。この決定は、利用者の請求権にもとづいておこなわれるものではなく、実際上の申請行為があってもそれは単に措置のきっかけにすぎないものとされ、措置の結果うけられることになったサービスは、措置の「反射的利益」（※8）にすぎないものであるとされてきた。

　措置制度は、行政側が公権力の行使として一方的に決定する仕組みであるから、利用者はその決定にしたがって利用するほかなく、利用者には選択の余地のないものである。この措置概念は、福祉を権利としてとらえるのではなく、恩恵・慈恵的なものとする考え方にもとづいていたということができる。また、利用者は、行政処分の客体であり、サービスの消極的な受益者にすぎないものとみなし、利用者の主体性は埋没されていた。このように、措置概念は、憲法の権利保障体系からみても戦前型というべき問題をふくんでいた。したがって、このような措置制度の転換をはかることが福祉改革の核心であったといえる。措置制度は、保育

※7　行政庁
　　行政庁とは、自治体・国などの行政主体のために意思決定をし、それを市民にたいして表示する権限をもっている機関のことをいう。市町村には、行政庁として、市町村長（独任制）や教育委員会・選挙管理委員会などの行政委員会（合議制）がある。
※8　反射的利益
　　反射的利益とは、法律にさだめられていること、または法律を実施した結果から派生する利益のことをいい、その例として医師法により医師に診療義務がさだめられている結果、患者は診療を拒否されることなく受診できる利益があり、また道路法にもとづいて市町村が道路をつくった結果、利用できる利益をうけられるなどがあげられている。かつての措置の時代の判例には、「措置を受けることにより老人ホームにおいて養護されることは、老人に与えられた権利ではなく、地方公共団体に措置義務があることから派生する反射的利益にすぎないと解するのが相当である。」（東京高裁平成4年11月30日判決、最高裁平成5年7月19日第二小法廷判決）とするものがあった。
　　だが、「反射的利益」の考え方は、戦前型の国家万能思想を背景としているとの的確な指摘もあり、市民個人としての権利性の否定ということにもつながる。また、現在では、福祉サービスの利用関係は、「措置」から「契約」に転換している。したがって、「反射的利益」の考え方はとるべきでない。

<措置と契約>

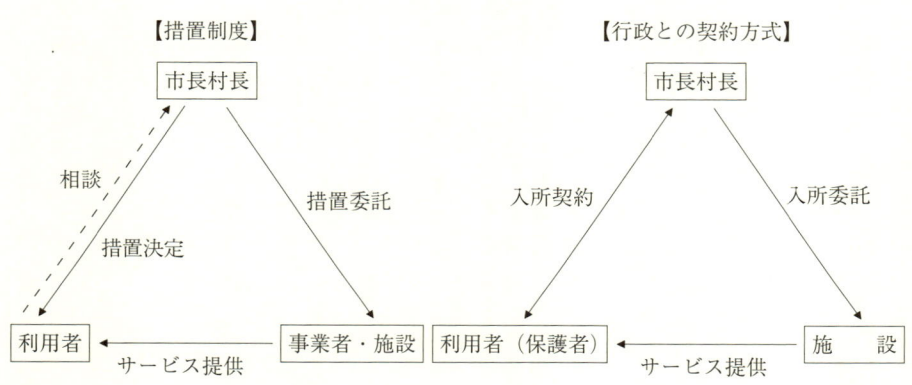

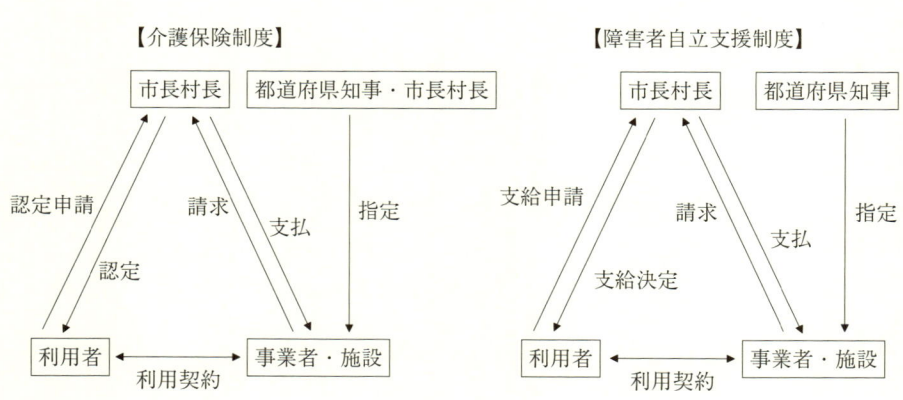

所などへの入所の仕組み、介護保険制度および障害者自立支援制度において、利用者の選択にもとづく契約による利用制度へと転換がはかられた。

イ　保育所などへの入所の仕組み

保育所入所への仕組みは、1998年4月1日から市町村による「保育の措置」から「保育の実施」によるものへと変わった。保育を希望する保護者は、希望する保育所などを記載した申込書を市町村に提出し、市町村は、保育の実施を決定した児童ごとに「保育児童台帳」を作成し、保護者にたいして「保育所入所承諾書」を交付する。

> ■**行政処分と契約**■
> 　行政処分とは、行政行為とほぼ同じ意味で、行政庁が法律にもとづいて、その一方的な判断で市民の権利・義務を形成し、または権利・義務の範囲を具体的に決定する行為をいう。行政処分は、法律を優先し法律の内容を一方的に実現できること、法律と異なる行為が許されないこと（強行法）、法律との関係において効力が決せられることなどの性質をもっており、いわば強制型である。これに対して、私法行為である契約は、当事者の内心の意思を優先するので一方的に相手を拘束できないこと、法律と異なる取りきめをすることができること（任意法）、意思と表示との関係で効力が決せられる合意型である。

このように保育所への入所は、保護者の「申込み」にたいする市町村の「承諾」という両者の合意によるものであるから、法的には保護者と市町村との「契約」にもとづくものである（行政との契約方式）。

助産施設および母子生活支援施設への入所の仕組みは、2001年4月1日から、措置制度から利用者が希望する施設を都道府県、市および福祉事務所を設置する町村に申し込み、保育所と同様の行政との契約による利用方式にあらためられた。

ウ　介護保険制度

2000年4月1日からスタートした介護保険法にもとづく介護保険制度は、高齢者の自立と自己選択・自己決定を尊重することを基本理念としている。介護を必要とする者は、原則として事前に介護の必要性・その程度に関する要介護認定をうけて、事業者・施設と対等の関係のもとで「契約」をむすんでサービスを利用する。また、利用者が契約によるサービスを適切にうけられるよう支援するケアマネジメントの手法も本格的にとりいれられた。

エ　障害者自立支援制度

　2003年4月1日から、従来、措置により提供されていた障害者（児）福祉サービスの一定のものについて、利用者と事業者・施設との直接契約にもとづいてサービスを利用し、市町村は利用者に支援費を支給する方式に改められた（支援費制度）。ところが、利用者の急増や地域間の格差がおおきいことなどから抜本的な見直しがおこなわれ、2006年4月1日から障害者自立支援法にもとづく障害者自立支援制度が新たにスタートした。この制度の仕組みは、社会保険方式でないが、介護保険制度に類似するものとなっている。

② 利用者保護の仕組みの整備

　2000年の「社会福祉事業法」から「社会福祉法」への改正によって、利用者保護の仕組みが整備された。その主な内容は、次のとおりである。

ア　福祉サービス利用援助事業

　認知症高齢者など判断能力の不十分な者のサービス利用を援助する仕組みとして、1999年から開始されていた地域福祉権利擁護事業が「福祉サービス利用援助事業」として法定化された。これは、民法の成年後見制度を補完するもので、都道府県社会福祉協議会が実施主体となって事業の一部（相談、申請の受付、支援計画の作成、契約、援助など）を市町村社会福祉協議会などに委託している。

　この事業を利用しようとする者は、委託された市町村社会福祉協議会との間で利用契約をむすぶ必要がある。援助の内容は、福祉サービスの利用援助、苦情解決制度の利用援助、居住家屋の賃借、日常生活上の消費契約、住民票の届出などの行政手続に関する援助およびこれらの援助にともなう預金の払い戻し・預けいれなどの日常生活費の管理などである。

イ　苦情解決

　福祉サービス利用者の苦情や意見をくみあげて、サービスの改善をはかるために苦情解決の仕組みが整備された。まず、福祉事業の経営者は、つねにその提供する福祉サービスについて利用者などからの苦情の適切な解決に努めなければならない。

サービス利用に関する苦情については、利用者と事業者・施設の間で解決することが基本であるが、それがむずかしい場合に福祉サービスの利用者などからの苦情を適切に解決するため、都道府県社会福祉協議会に公正・中立な第三者機関として「運営適正化委員会」がおかれている。

運営適正化委員会は、苦情解決の申し出があったときは、その相談におうじ、必要な助言をし、事情の調査をおこない、当事者の同意をえて苦情解決のあっせんをおこなうことができる。

ウ　情報提供と説明・書面交付

福祉事業の経営者には、次の3つの義務が課せられている。
1) 福祉サービスを利用しようとする者が、適切・円滑にサービスを利用できるように、経営する福祉事業に関する情報の提供に努めなければならない。
2) 福祉サービスの利用申し込みがあった場合には、申込者にたいし契約の内容およびその履行に関する事項について説明するよう努めなければならない。
3) 契約が成立したときは、当該福祉事業の経営者の名称・住所、提供するサービスの内容、利用者の負担などを記載した書面を交付しなければならない。

また、自治体・国は、福祉サービスを利用しようとする者が必要な情報を容易にえられるように、必要な施策を実施するよう努めなければならない。

エ　サービスの質の評価

福祉事業の経営者は、みずからその提供する福祉サービスの質の評価をおこなうことなどにより、つねに福祉サービスをうける者の立場にたって良質・適切な福祉サービスを提供するよう努めなければならない。

また、福祉サービスの広告をするときは、広告されたサービスの内容などについて、いちじるしく事実に相違する表示をし、または実際のものよりもいちじるしく優良・有利であると人を誤認させるような表示をしてはならない（誇大広告の禁止）。

法改正の内容は、以上のとおりであるが、次の点を指摘しておきたい。

福祉サービス利用援助事業については、制度の周知とともに、利用者に最も身近な市町村レベルでの取り組みが強化されるべきであろう。

苦情解決の仕組みについては、事業者と市町村の苦情解決機関・窓口との連携を欠かすことができない。

　情報提供と説明・書面交付については、努力規定から義務規定への改正も必要である。

　サービスの質の評価については、自己評価にくわえて公正・中立な立場の第三者評価機関の専門的・客観的な観点からのサービスの評価をうける必要がある。第三者評価のメリットは、自己評価では気づかない事業運営上の具体的な問題点を把握し、改善にむすびつけるとともに、評価結果の公表により利用者に適切なサービスの選択のための情報を提供することにある。サービスの評価には、さらに利用者による評価の仕組みを組みいれることも必要である。

③　福祉政策の計画化

　ア　ゴールドプラン
　国は、急速にすすむ高齢化への対応策として、1989年の消費税の導入とひきかえに、「高齢者保健福祉十か年戦略」（ゴールドプラン・1990年度～1999年度）を策定した。ところが、1993年に全国の自治体が策定した老人保健福祉計画において大幅なサービスの整備の必要性があきらかになり、財源問題を軽視して新たに「高齢者保健福祉十か年戦略の見直し」（新ゴールドプラン・1995年度～1999年度）を策定した。

　さらに、1999年には高齢者保健福祉施策の一層の充実をはかるため、介護サービス基盤の整備をふくむ総合的なプランとして、「今後5年間の高齢者保健福祉施策の方向～ゴールドプラン21～」（2000年度～2004年度）を策定している。

　ゴールドプランには、訪問介護、短期入所、介護老人福祉施設（特別養護老人ホーム）など整備の具体的な目標値がかかげられていた。

　一方、自治体においては、1990年改正の老人福祉法および老人保健法にもとづき、国のゴールドプランに対応して「老人保健福祉計画」を策定・推進したことにより全国的にも介護基盤の整備がすすんだ。また、2000年度から介護保険制度の円滑な実施をはかるために3年ごとに「介護保険事業計画」を策定している。

イ　エンゼルプラン

　国は、少子化への対応策として、1994年に「今後の子育て支援のための施策の基本的方向について」(エンゼルプラン・1995年度～1999年度)を策定し、保育サービスなどの充実をはかってきた。1999年には、中長期的にすすめるべき総合的な少子化対策の指針として「少子化対策基本方針」を閣議決定し、同時に「重点的に推進すべき少子化対策の具体的実施計画について」(新エンゼルプラン・2000年度～2004年度)を策定・推進してきた。ところが、2000年国勢調査結果の「夫婦出生力の低下」という新たな現象をふまえて、もう一段の少子化対策を推進するため、2002年に「少子化対策プラスワン」を策定し、この対策に実効性をもたせるため、2003年に「次世代育成支援対策推進法」が制定された。また、2004年に閣議決定された少子化社会対策大綱にそって「子ども・子育て応援プラン」(2005年度～2009年度)を策定している(巻末資料参照)。

　一方、自治体においては、国のエンゼルプランに対応した「児童育成計画」(地方版エンゼルプラン)の策定を国から要請されたが、法的な裏づけもなかったことなどから、全国的に策定の取り組みはおくれていた。

　そこで、次世代育成支援対策推進法では、自治体が次世代育成支援対策の実施に関する計画(市町村・都道府県行動計画)を策定するものとされ、事業主が策定する行動計画とともに、ようやく地域および企業が総力をあげて、少子化対策に取り組む体制がととのったが、政策としては限界がある。

ウ　障害者プラン

　国は、1982年の「国連障害者の10年」に際して「障害者施策に関する長期計画」、その後1992年には「障害者施策に関する新長期計画」(1993年度～2002年度)を策定し、これが障害者基本法にもとづく「障害者基本計画」と位置づけられている。

2002年には、新長期計画における「リハビリテーション」(※9)および「ノーマライゼーション」(※10)の理念を継承するとともに、障害者の社会への参加にむけた一層の推進をはかるため、あたらしい障害者基本計画(2003年度～2012年度)と重点施策実施計画を策定している(巻末資料参照)。
　一方、自治体においては、障害者基本法にもとづいて、「市町村障害者計画」・「都道府県障害者計画」を策定・推進している。また、障害者自立支援法にもとづく「市町村障害福祉計画」・「都道府県障害福祉計画」を策定・推進している。

▶▶▶ (4) 財務の緊迫

　近年における自治体の財務状況は、悪化の一途をたどっており、市民負担と福祉施策の緊張関係のもとで、以下でのべるように緊迫の度をましている。

① 財政の硬直化

　自治体の財政基盤の重要な要素として、財政構造の弾力性がある。財政構造の弾力性とは、経常的な財源収入によって経常的な経費を支出しても、なお余剰がある状態をいう。ところが、現実には、財政構造は、いちじるしく弾力性に欠け、硬直化している。これをみる代表的な指標である経常収支比率は、全国平均でみても、適正水準とされる70％～80％を10％以上こえる状況がつづいている(巻末資料参照)。経常収支比率は、地方税・地方交付税などの経常一般財源などが人件費・公債費などの経常経費にあてられた割合である。

※9　リハビリテーション
　リハビリテーションとは、一般的に障害をもった人を社会復帰させることをいうが、本来、全人間的復帰を意味するものとされている。医学的、職業的、教育的および社会的なリハビリテーションがある。
※10　ノーマライゼーション
　ノーマライゼーションとは、もともとは障害者が一般社会から隔離・排除されることなく、一般社会で普通に生活できることをさしていた。現在では、障害をもつ人も、もたない人も、高齢者も子どももみんなが地域社会の一員として共に生活することが正常な社会であるという意味でつかわれている。

② 膨大な額の借入金残高

地方財政の借入金には、地方債、公営企業債（普通会計負担分）および地方交付税特別会計借入金（地方負担分）がある。その残高総額は、1980年度に39兆円であったが、その後、国の景気対策への動員などにより、年々ふえつづけ、2008年度末の残高見込み額は197兆円という膨大な額にふくれあがっている（巻末資料参照）。自治体は、この返済をしていかなければならない。

③ 財源の縮小

全国的にみて自治体の財源総額は縮小傾向にある。かつての右肩上がりの経済成長を期待することはできず、景気回復によっても大幅な税収を見込むことはできない。今後、高齢少子化が一層すすみ、生産年齢人口も減少してくると、税収入も減ってくる。また、増税には、市民負担に限界がある。地方税がふえる可能性としては、国から自治体への税源移譲がある。

国は、2004年から2006年度にかけていわゆる三位一体改革をおこなった。三位一体改革は、国庫支出金を減らし、その分を地方税として税源移譲し、あわせて地方交付税の見直しを一体的におこなうというものであった。この改革により国庫補助負担金が約4兆7千億円減らされ、そのうちの約3兆円が税源移譲されたが、地方交付税の見直では5兆1千億円減らされて、自治体の財源総額は大幅な減額となった。自治体の税源の拡充が課題であるが、今後の景気回復などによる税の増収があるときは、公債費の軽減に優先的に配分せざるをえない。

④ 増大する福祉関係費

自治体は、緊迫する財務環境のもとで、急激な高齢少子化や分権・福祉改革などによって、量的に増大し、質的に多様化・高度化した政策課題をかかえている。

高齢者・障害者の介護や子育て支援などの福祉関係事業、小・中学校におけるいじめや学校運営の新たな取り組み、道路・公園など市民生活に必要な都市基盤の整備、都市部におけるごみ問題対策などの政策課題が山積している。

自治体の歳出予算・決算をみると、公共事業費が減少し、教育費が横ばい状態がつづいているなかで、福祉関係費は増大の一途をたどっており、その財源の確保と政策の選択に自治体の財務能力が問われている。

▶▶▶ (5) 格差の拡大

　同じ企業で同じ労働をしているが、正規労働者と非正規労働者の賃金に開きがある。都市部と比べて地方の労働者の賃金がひくい。これが「格差」の中心的な問題である。市場原理主義のもとで、この所得格差はいっそう拡大している。非正規労働者には、パート・アルバイト、派遣社員、契約社員・嘱託などがふくまれる。これらの非正規労働者は、増加をつづけ、雇用者にしめる非正規労働者の比率は30％をこえ上昇している。また、仕事からの収入（年間）では、男女ともに、正規労働者と非正規労働者の間におおきな格差が生じている（巻末資料参照）。
　また、全所得の50％以上が少数の高額所得グループに偏在し、低所得グループとの所得の格差が拡大し、所得・資産の不平等さをしめすジニ係数（※11）もおおきくなっており、日本での所得格差は深刻な状態にある。さらに、親の所得格差が子どもの教育格差へとつながっている。所得格差の拡大は、低所得者の福祉需要を増大させる一方で、税や社会保険料面においてマイナス要因になる。

※11　ジニ係数
　ジニ係数は、所得や資産の不平等さをしめす指標（不平等度係数）である。全員の所得がまったく同じ完全平等を「0」、すべての所得が1人に集中する完全不平等を「1」とし、数値が「1」に近いほど貧富の差（不平等度）がおおきいことをしめす。

第2章　自治体計画と福祉政策

【要　点】

1）　自治体は、議会の議決をへた基本構想およびこれと一体的に策定される基本計画にもとづいて、政策を総合的・計画的に実施しなければならない。
　　　基本構想・基本計画（長期総合計画）は、それぞれの自治体におけるまちづくりの目標や施策の体系・個別施策をしめし、まちづくりの指針となるものである。

2）　近年における自治体計画は、長期総合計画だけでなく、政策分野別の計画がおおく策定されるようになり、それが福祉政策の分野において顕著である。だが、自治体計画は、長期総合計画が中心であり、政策課題別計画は、長期総合計画との整合性がはかられなければならない。

3）　自治体の計画づくりは、「あれも・これも」ではなく、「あれか・これか」のきびしい政策選択にもとづくものでなければならない。と同時に、自治体における施策・事業は、福祉政策の分野もふくめて量の整備をほぼ充足しつつあり、施策・事業の質整備の時代にはいっている。そのために、スクラップ・アンド・ビルドの原則にもとづいて、既存の施策や組織機構のきびしい見直しを徹底した市民参加と職員参加のもとにおこない、それが自治体計画に反映されなければならない。

4）　自治体計画は、そこにもり込まれた政策が実現されなければ意味がない。そこで、自治体は、政策を実現するための権限と財源の裏づけを必要とし、権限の裏づけとなるものが法務であり、財源の裏づけとなるものが財務である。この法務と財務は、政策の実現手段であることを積極的に位置づける「政策法務」と「政策財務」でなければならない。この意味での福祉法務と福祉財務に熟達する人材育成が急務である。

1 自治体政策

(1) 政策の意義

　政策とは、公共課題の解決策である。
　地域でくらす人びとは、毎日の生活においてなんらかの問題をかかえている。問題とは、現状とあるべき状態のギャップをいい、現に困っている状態や将来困るであろう状態のことである。このうち、放置することができず解決すべき問題が課題であり、個人・家族また団体・企業での解決が困難で、社会全体で解決にあたるべき問題が公共課題となる。この公共課題の解決策が公共政策である。それゆえ、公共政策には、市民・ボランティア・団体・企業などの非政府的な主体によってになわれる「非政府政策」と政府としての自治体・国によってになわれる「政府政策」とがある。政策とは、一般に政府政策をさしている。

＜課題と政策の関連＞

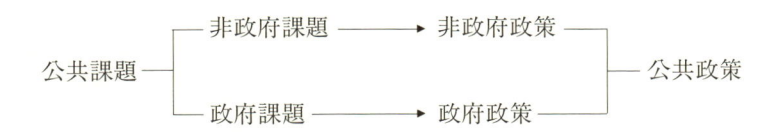

```
                  ┌─ 非政府課題 ──→ 非政府政策 ─┐
公共課題 ─────────┤                              ├─── 公共政策
                  └─ 政府課題  ──→ 政府政策   ─┘
```

(2) 政策の構造

　政策は、公共課題を解決するための基本的な理念・方針、目標およびその達成手段の総体であり、重層的な構造をもっている。すなわち、政策は、狭義の政策（Policy）、施策（Program）および事業（Project）の三層からなるものとし、この全体を広義の政策とよぶことができる。また、狭義の政策は施策の目的となり、施策は狭義の政策の手段となる。さらに、施策は事業の目的となり、事業は施策の手段となる。このように、政策全体が目的と手段とでピラミッド型に有機的に組みあわされた構造をもっている。

<政策構造のイメージ図>

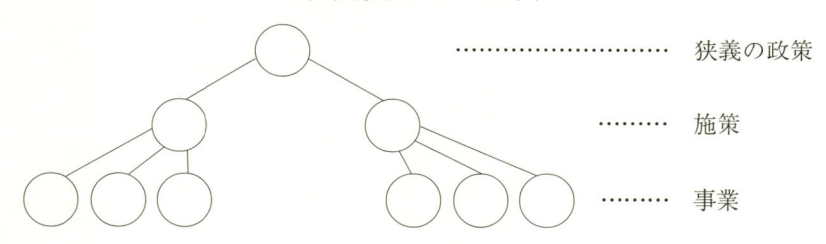

……………………… 狭義の政策

………… 施策

………… 事業

<政策の三層構造>

区　分	内　　容	具体例
政　策 （Policy）	政策課題を解決するための基本的な理念・方針および基本目標をしめしたもの	子どもの笑顔と歓声のあふれるまち→子育て支援
施　策 （Program）	「政策」の基本目標を達成するための具体的取り組みを体系化したもの	子育て支援→仕事と家庭の両立支援
事　業 （Project）	施策体系における個々の具体的な取り組み	仕事と家庭の両立支援→保育所の増設、学童保育所の拡充

(3) 政策サイクル

　政策は、◆政策形成（Plan）→◆政策実施（Do）→◆政策評価（See）または点検（Check）＋見直し（Action）→政策形成……の過程を循環し、展開される。この政策展開を自治体経営としてとらえることもできる。自治体は、政策過程において情報公開と市民参加をどれだけ徹底することができるかが問われている。

① 政策形成

政策形成（Plan）の過程は、さらに、◆問題の把握→◆課題の設定→◆政策案の作成→◆政策の決定の段階をたどる。

ア　問題の把握

現場の情報や各種データなどから市民生活における問題を発見・把握する。政策関係者が日頃から現状について「これでいいのか」「どこかおかしい」といったような問題意識をもっていることによって、適切な問題の発見・把握をすることができる。

イ　課題の設定

社会全体で解決すべき問題すなわち公共課題のなかから自治体が解決すべきものを選択し、確定する。これが、自治体の政策課題（政府課題）となる。ここで留意すべきは、公共課題のすべてが政府課題とはならないということである。公共課題には、市民・団体・企業により解決できるものがある。

＜課題領域と解決主体＞

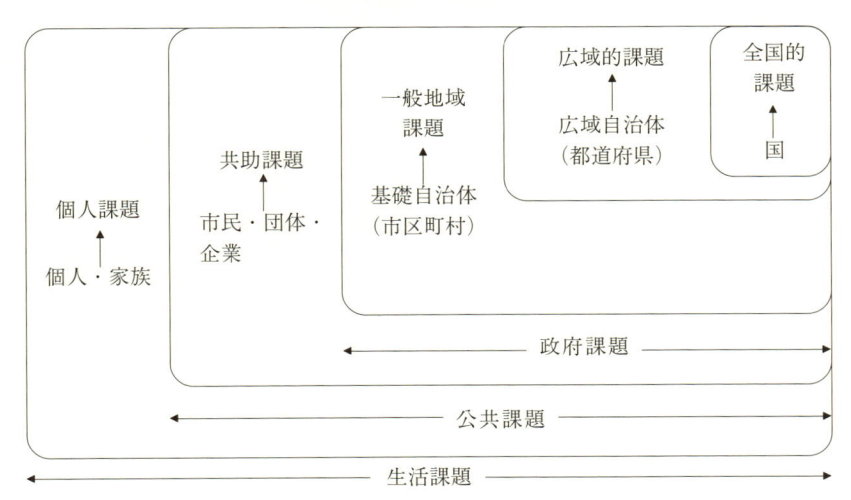

領域	解決主体
個人課題	個人・家族
共助課題	市民・団体・企業
一般地域課題	基礎自治体（市区町村）
広域的課題	広域自治体（都道府県）
全国的課題	国

政府課題：一般地域課題〜全国的課題
公共課題：共助課題〜全国的課題
生活課題：個人課題〜全国的課題

ウ　政策の立案

政策課題としてとりあげた問題の発生原因を追求・分析し、課題を解決するための方策を企画・立案する。この企画・立案されたものが政策案であり、政策案は複数つくられる。

エ　政策の決定

複数の政策案について、必要性・有効性・効率性・実現可能性などの観点から評価（事前評価）することによって、最善策を選択し・決定する。政策は、計画・条例・予算・個別事案などの形で、議会の議決事件であれば議会の可決によって、長の権限の範囲内のものであれば長の決裁によって最終決定する。

②　政策の実施

決定された政策は、担当組織の決定や具体的スケジュールにのせることによって実施にうつされる。政策の実施過程においても、当初の目的どおりに実施されているかどうかなどの評価をおこない（中間評価）、事業内容や実施方法などについて必要な修正をおこなう。

③　政策の評価

政策が実施された結果について、目標がどの程度達成されたか、効果があったか、効率的であったかなどの評価をする（事後評価）。評価にもとづいて、政策の存廃や修正などをおこなう（フィードバック）。

▶ (4) 福祉政策

　憲法25条1項は、「すべて国民は、健康で文化的な最低限度の生活を営む権利を有する。」として国民の生活権（生存権）を保障するとともに、同条2項において「国は、すべての生活部面について、社会福祉、社会保障及び公衆衛生の向上及び増進に努めなければならない。」と規定している。2項の「国」は、自治体をふくめた全体としての国（政府）をさすものとされているが、「社会福祉、社会保障及び公衆衛生」の定義は固まったものとはなっていない。そこで、公共課題としての福祉課題を解決するため社会全体の取り組みである公共政策を「社会福祉」とし、そのうち政府（国・自治体）の責任による取り組みである政府政策を「社会保障」としておきたい。

　「福」も「祉」も、もともと「さいわい」の意味であるが、現代における福祉の意味は、ひとり一人の市民が「よい暮らし」（welfare）をするだけでなく、より主体的・自立的な「よい生き方」（well-being）をすることであるといえよう。

　そこで、福祉政策とは、すべての人びとの「よい暮らし」・「よい生き方」を実現するための社会全体による課題解決の取り組み（公共政策）であり、上述の「社会福祉」とほぼ同じ内容としてとらえておきたい。

　自治体が取り組む福祉政策の領域には、高齢者福祉（介護保険をふくむ）、子ども家庭福祉、障害者福祉および生活困窮者福祉（生活保護）などがある。また、これと密接に関連するものとして、市民の健康づくり、高齢者保健、母子保健があり、さらに医療保険などがある。

　これらの日常生活にかかわる政策領域のについては、地域の人びとに身近な存在である自治体のはたすべき役割がおおきい。

＜政策思考過程＞

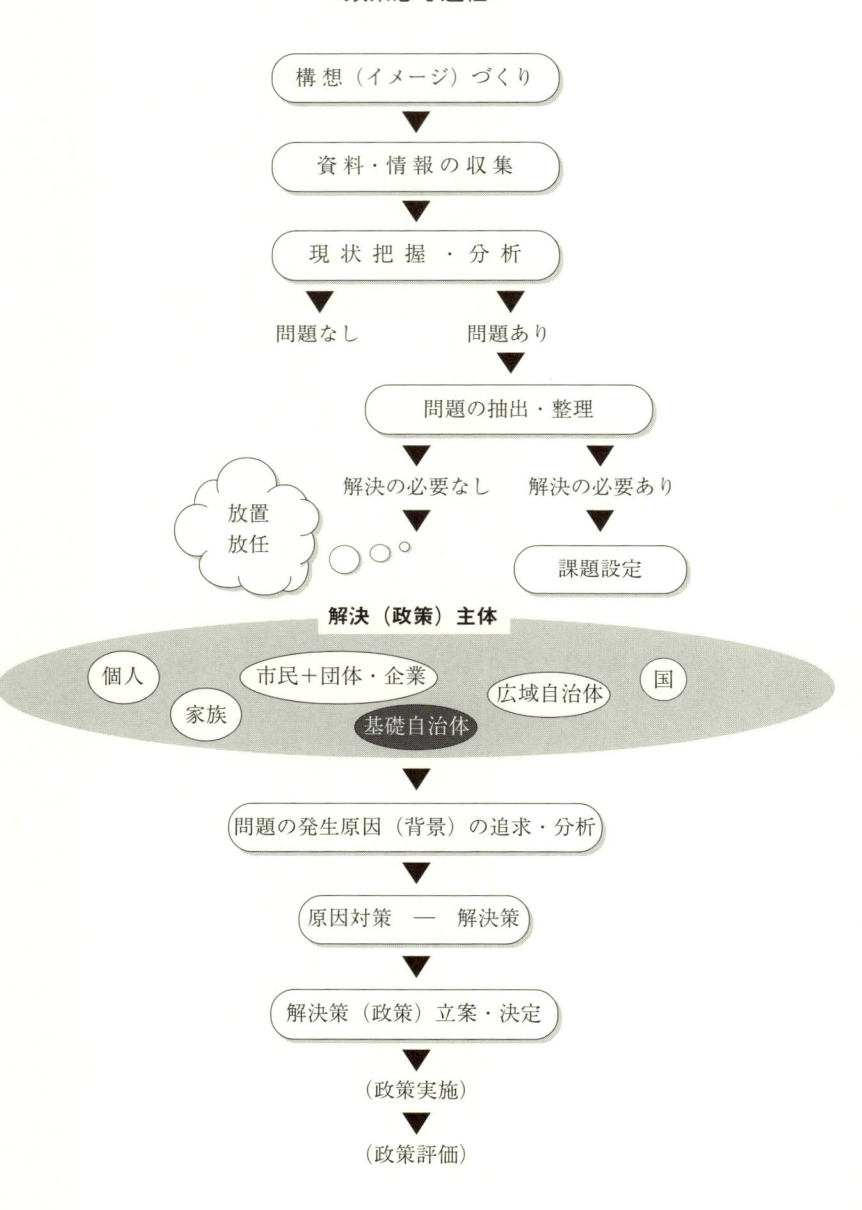

```
┌─────────────────────┐
│ 構 想（イメージ）づくり │
└─────────────────────┘
           ▼
┌─────────────────────┐
│   資料・情報の収集    │
└─────────────────────┘
           ▼
┌─────────────────────┐
│   現 状 把 握 ・ 分 析 │
└─────────────────────┘
      ▼           ▼
   問題なし      問題あり
                  ▼
         ┌─────────────────┐
         │  問題の抽出・整理  │
         └─────────────────┘
         ▼                 ▼
   解決の必要なし        解決の必要あり
         ▼                 ▼
                   ┌──────────┐
  （放置・放任）     │ 課題設定 │
                   └──────────┘
```

解決（政策）主体

個人　家族　市民＋団体・企業　基礎自治体　広域自治体　国

```
           ▼
┌──────────────────────────┐
│ 問題の発生原因（背景）の追求・分析 │
└──────────────────────────┘
           ▼
┌─────────────────────┐
│  原因対策 ― 解決策   │
└─────────────────────┘
           ▼
┌─────────────────────┐
│ 解決策（政策）立案・決定 │
└─────────────────────┘
           ▼
      （政策実施）
           ▼
      （政策評価）
```

▶▶ (5) 政策責任

① 市　民

　市民は、主権者として、自治体の議会議員および長を直接選挙し、この代表機構をとおして、自治体の政治・行政をおこなっている（代表民主制・間接民主制）。そればかりでなく、市民は、議会や長が代表機構として機能をはたしていないと認めたときには議会の解散、議員・長の解職を直接請求できるし、みずからの政策発案として条例の制定改廃の直接請求もできる。また、自治体は、議会と長がそれぞれ市民を直接に代表するという二元代表制のもとにおいて、それぞれの権限をもつ政策過程に市民の意思を反映させるために、市民参加を積極的に推進することができる。市民参加は、政策形成過程にとどまらず、政策実施さらに政策評価にいたるまでの政策の全過程におよんでいる。

② 自治体議会

　自治体議会は、市民の代表機構として自治体の重要事項について意思決定をする。そのために、自治体議会は、政策の基本をさだめる基本構想や政策実現手段である条例・予算などの重要案件を審議・議決する権限と政策の実施を監視・制御する権限をもっている。また、副市町村長・副知事、教育委員など政策決定にかかわる重要人事についての同意権ももっている。議会には、その権限の適切な行使と市民参加をはかることが求められている。

③ 自治体の長

　自治体の長は、当該自治体を統括・代表する地位にあり、条例案や予算の議会提出、議決された条例・予算の実施・執行、税財源の確保などの権限と責任をもっている。

　自治体の長は、二元代表制のもとにあって主権者である市民に直接責任をおっている立場にある。したがって、自治体の長は、みずからの権限領域において市民参加をはかりながら、政策の立案と実施をおしすすめていかなければならない。

④ 自治体職員

　自治体職員は、自治体の長の補助機構の一員として、その指揮監督のもとに、日常的に政策の立案・実施にあたっている。自治体職員には、政策能力と政策実現のための法務能力・財務能力が不可欠となっている。職員人材の有無と厚さによって、自治体間競争をすすめたい。

2　自治体計画

　自治体計画は、自治体の現状と課題をあきらかにし、その課題の解決策としての政策を総合化・体系化したものである。自治体計画には、当該自治体の主要な政策がもり込まれている。自治体計画は、総合計画、政策分野別計画および個別計画に分類できる。

　また、自治体計画には、法律にもとづく計画（法定計画）として策定が義務づけられているものと策定が任意とされているものがあり、さらに自治体が独自に策定するの計画（独自計画）もある。

　自治体計画の策定・見直しにあたっては、関係者だけでなく、ひろく一般市民をふくめた市民参加がはかられるべきであるし、その推進にあたっても市民の参加と監視を欠かすことができない。あわせて、計画の内容や実施状況の公開も適宜おこなわれなければならない。

＜自治体計画の体系＞

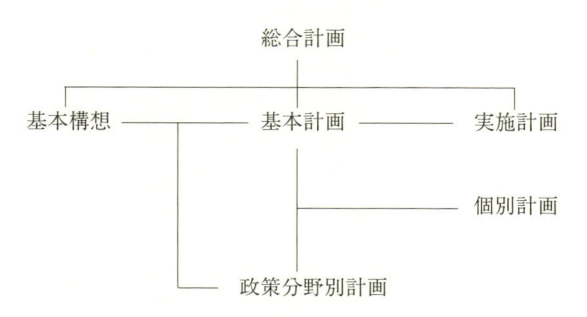

```
                       総合計画
                          │
   ┌──────────────┼──────────────┐
 基本構想 ─────── 基本計画 ─────── 実施計画
                          │
                          ├─────── 個別計画
                          │
                        政策分野別計画
```

▶ (1) 自治体総合計画

　自治体総合計画は、一般的に、基本構想、基本計画および実施計画の三層構造とされているが、これは絶対的なものではない。総合計画の構成を、例えば10年間の基本構想を前期と後期の5年に分けて、前期を基本計画の実施計画、後期を基本計画の展望計画とし、長の任期にあわせて4年ごとに見直しをする手法が望ましいものといえよう。
　なお、基本構想と基本計画をあわせて長期総合計画とよんでいる。この長期総合計画では、福祉政策がおおきな比重をしめている。

<自治体総合計画の構成>

基本構想（10年間）	
基本計画	
実施計画（5年間）	展望計画（5年間）
実施計画を長・議員の任期にあわせ4年目に見直し、5年目を切り捨てて、次の5年の実施計画をつくる。8年目にあたらしい長期・総合の基本計画をつくる。	

① 基本構想
　市町村は、議会の議決をへて基本構想をさだめ、これにそくして地域における総合的かつ計画的な政策を推進しなければならない（自治法2条4項）。
この基本構想は、自治体計画の根幹をなすものであり、目ざす地域の将来像、その実現のための基本的な理念・方針・目標および施策の大綱などをさだめている。計画期間は、おおむね10年間としている市町村がおおい。

② 基本計画
　基本計画は、基本構想にさだめる基本目標および施策の大綱などにそって、政策（行政）分野ごとのより具体的な目標と個別事業を総合化・体系化したものである。したがって、基本計画は、基本構想と一体的なものとして策定されるが、実際上は個別事業をもり込む基本計画（案）が先行し、その集約として基本構想が策定されるべきものである。計画期間は、おおむね5年間としている市町村がおおい。

③ 実施計画

　実施計画は、基本計画にさだめられた個別事業に実施年度を割りふり、その必要経費を見込んだものである。計画期間は、おおむね3年としている市町村がおおいが、前述のように基本構想と基本計画の一体性を明確にし、10年間の基本計画について前半5年間を実施計画とし、後半の5年間を展望計画とすることが望ましい。

▶▶▶ (2) 政策分野別計画

　社会経済の発展を背景とした行政の複雑・多様化と高度・専門化にともない、都市、福祉、環境などの政策分野については、企画部門主導の総合計画の策定だけでは対応が困難になった。そこで、タテ割り省庁からの要請もあり、事業主管部門を中心とした政策分野別計画および個別計画の策定がひろくおこなわれるようになり、それが福祉政策の分野では顕著である。

　政策分野別計画は、長期総合計画と整合性をはからねければならない。地域福祉計画、老人福祉計画など各種の「法定計画」には、この「基本構想に即して」策定すべき旨が規定されている。この政策分野別計画にも、多分野にかかわりをもつ事業を総合化・体系化した総合的な計画と個別的な計画とがある。

政策分野別総合計画の例⇒保健福祉総合計画、環境基本計画、まちづくり計画など

▶▶▶ (3) 個別計画

　個別計画は、長期総合計画や政策分野別の総合的計画をうけて、個別事業について策定される。もっとも、個別計画といっても、ひろく関連する施策や事業ももり込まれている。

　個別計画も数がおおくなっているので、その体系化と統合がはかられるべきである。

▶ (4) 福祉計画

　自治体福祉計画は、政策分野別計画のなかで最もおおきな比重をしめている。この計画は、長期総合計画（基本構想・基本計画）との整合性をはかり、各計画相互間に連携・調和のとれたものとしていく必要がある。

<自治体福祉計画（法定計画）の体系>

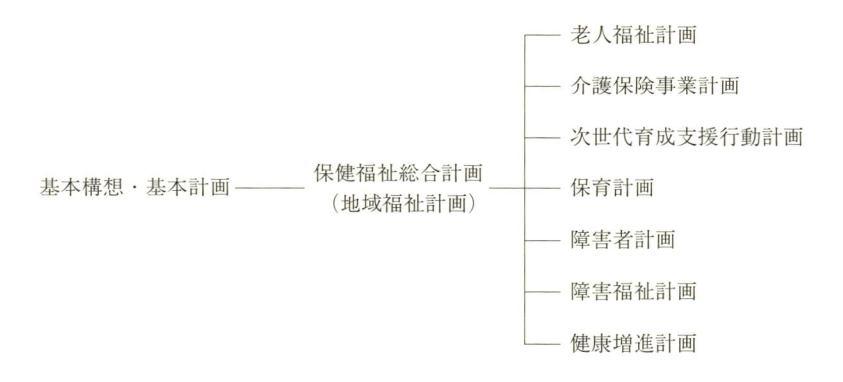

```
                                            ┬── 老人福祉計画
                                            ├── 介護保険事業計画
                                            ├── 次世代育成支援行動計画
基本構想・基本計画 ─── 保健福祉総合計画 ───┼── 保育計画
                        （地域福祉計画）      ├── 障害者計画
                                            ├── 障害福祉計画
                                            └── 健康増進計画
```

① 総合的福祉計画

　ア　地域福祉計画
　自治体は、社会福祉法にもとづき、「市町村地域福祉計画」（基本構想にそくし、地域福祉の推進に関する事項をさだめる計画）・「都道府県地域福祉支援計画」（広域的見地から市町村の地域福祉の支援に関する事項をさだめる計画）を策定することができる。
　市町村地域福祉計画には、地域における福祉サービスの適切な利用の促進、地域における福祉を目的とする事業の健全な発展および地域福祉活動への市民参加の促進に関する事項を一体的にさだめるものとされている。この計画は、法律上、策定を義務づけられていないが、策定・変更する場合には、あらかじめ、市民、福祉事業の経営者その他福祉活動をおこなう者の意見を反映させるための手続きとり、その内容を公表するものとされている。
　地域福祉計画は、従来の対象者別のタテ割計画を横にむすびつける横断的な計画として、福祉保健分野における総合計画として位置づけることができる。

イ　保健福祉総合計画

　福祉政策は、タテ割の福祉サービスの領域にとどまらず、就労、住宅、教育、まちづくりなど広範囲な領域にかかわりをもっている。対象者は、高齢者、子ども、障害者、生活困窮者など異なっているが、共通の理念や目標がある。ところが、福祉計画は、対象者別の個別計画が主体となっていて、福祉政策全体の総合化・体系化が十分にはかられていない。地域福祉計画に総合計画の位置づけもあたえられているが、法定の内容だけでは十分なものとはいえない。策定例は少ないが、自治体独自の総合的な福祉政策の展開のために、一覧性のある保健福祉総合計画の策定を必要とする。

② 個別福祉計画

　ア　老人福祉計画

　自治体は、1990年の老人福祉法および老人保健法の改正によって老人福祉事業および老人保健事業の目標量やその確保策などをもり込んだ市町村・都道府県「老人福祉計画」と市町村・都道府県「老人保健計画」を一体のものとして策定するものとされていた。2008年4月1日から施行の改正老人保健法（→「高齢者の医療の確保に関する法律」）で老人保健計画に関する規定は削除された。

　市町村福祉計画には、老人福祉事業の量の目標、その確保策その他老人福祉事業の供給体制の確保に関して必要な事項をさだめるべきものとされている。

　この計画の策定は、法律上、福祉分野にはじめて本格的な計画行政を導入したものである。市民参加や公表は当然の手続であり、ひろい市民参加のもとに計画の策定と見直しがおこなわれてきている。

　また、次にのべる介護保険事業計画との一体化や地域福祉計画などとの調和も必要とされて、相互の連動・補完によって高齢者福祉政策の総合的な展開が求められている。

　イ　介護保険事業計画

　自治体は、介護保険法にもとづき、3年を1期として、「市町村介護保険事業計画」（介護保険事業にかかる保険給付の円滑な実施に関する計画）・「都道府県介護保険事

業支援計画」（介護保険事業にかかる保険給付の円滑な実施の支援に関する計画）を策定するものとされている。

この計画は、介護保険事業の運営の基本となるもので、保険者である市町村の事業計画には、各年度における保険対象サービスの種類ごとの量の見込み、その見込み量の確保方策、事業者間の連携に関する事項などをもり込んでいる。また、「被保険者の意見を反映させるために必要な措置を講ずる」との市民参加が法定されているが、保険料という負担をともなっていることもあり、市民参加のあり方が事業運営にも影響する。また、老人福祉計画や地域福祉計画などの関連計画との一体化と調和がはかられなければならない。なお、公表規定はないが、当然、市民に公表されるべきものである。

　ウ　次世代育成支援行動計画

国は、1994年のエンゼルプランの策定にあわせて、自治体にたいして保育所の整備など子育て支援を中心とした児童育成計画（地方版エンゼルプラン）の策定を求めていた。

だが、この計画は、法律に根拠のない任意計画であり、財源問題もあって全国的にも十分な取り組みがおこなわれなかった。その後も一向に少子化に歯止めがかからなかったことから少子化対策を集中的に取り組むため、2003年に次世代育成支援対策推進法が制定され、2005年4月1日から施行されている。同法にもとづき、自治体は、5年を1期とした次世代育成支援の「行動計画」を策定するものとされた。この行動計画には、地域における子育て支援、親子の健康の確保・増進、教育環境の整備、子育て家庭に適した居住環境の確保、仕事と家庭の両立などについて、目標や目標達成のために講ずる措置の内容などをさだめるものとされている。この計画を作成・変更するときは、あらかじめ市民の意見を反映させるための措置（市民参加）を講ずること、作成・変更したときは、遅滞なく公表し、さらにその実施状況についても公表すべきものとされている。

また、常時雇用労働者が300人をこえる自治体・国以外の事業主（一般事業主）は、みずからが実施する次世代育成支援対策に関する計画（一般事業主行動計画）を策定するものとされている。自治体・国の機関など（特定事業主）も、同様の内容の計画（特定事業主行動計画）を策定するものとされている。

エ　保育計画

保育の実施への需要が増大している市町村（特定市町村）は、2005年施行の改正児童福祉法にもとづいて、保育の実施の事業および子育て支援事業その他児童の保育に関する事業で市町村が必要と認めるものの供給体制の確保に関する計画（「市町村保育計画」）をさだめるものとされている。

この計画についても、上述の行動計画と同様の市民参加および公表をおこなうべきものとされている。

オ　障害者計画

自治体は、障害者基本法にもとづき、「市町村障害者計画」・「都道府県障害者計画」を策定しなければならない。これが、障害者福祉の基本となる計画である。市町村障害者計画の策定は、努力規定であったものが、2007年施行の改正法により義務規定とされた。障害者計画は、障害者の福祉に関する総合的な計画である。この計画では、「リハビリテーション」「ノーマライゼーション」および「共生社会」の実現を目ざし、「社会のバリアーフリー化」「利用者本位の支援」「障害の特性をふまえた施策の展開」および「総合的かつ効果的な施策の推進」という4つの横断的視点が重視されなければならない。

なお、障害者計画の策定にあたっては、障害者その他の関係者の意見をきき、議会に報告し、その要旨を公表しなければならないものとされている。

カ　障害福祉計画

市町村は、後述の障害者自立支援法にもとづく障害者自立支援制度を実施するために、障害福祉サービス、相談支援および地域生活支援事業の提供体制の確保に関する計画（市町村障害福祉計画）をさだめるものとされている。この計画には、各年度における障害福祉サービスや相談支援の種類ごとの必要量の見込み、その必要な見込み量の確保策、地域生活支援事業などに関する事項がさだめられる。

また、障害福祉計画は、上述の障害者計画や地域福祉計画などと調和のたもたれたものであり、策定・変更に市民参加をはかるべきこととされている。

キ　健康増進計画

健康増進法にもとづき、市町村は、「市町村健康増進計画」（当該市町村住民の健康増進の推進に関する施策についての計画）をさだめるよう努め、都道府県は「都道府県健康増進計画」（当該都道府県民の健康増進の推進に関する施策についての基本的な計画）をさだめるものとされている。この計画を策定・変更したときは、遅滞なく、これを公表するものとされている。当然のこととして、策定・改定に市民参加がはかられなければならない。

3　自治体政策と法務・財務

(1)　計画と法務・財務

自治体計画は、公共課題の解決策である政策を総合化・体系化したものであるが、自治体が立派な計画書をつくったとしても、それだけでは「絵に描いた餅」にすぎない。

政策は、具体的に実現されることによって意味をもち、市民にとって価値あるものとなる。自治体計画にかかげられた政策を実現するためには、権限と財源を必要とする。その権限を法的に裏づけるものとして法務があり、その財源を裏づけるものとして財務がある。

自治体は、自治体計画を軸として、法務と財務をいわば車の両輪として政策の展開をはかっていかなければならない。

この「法務」・「財務」は、後述の「政策法務」・「政策財務」でなければならない。

＜計画・法務・財務の関係＞

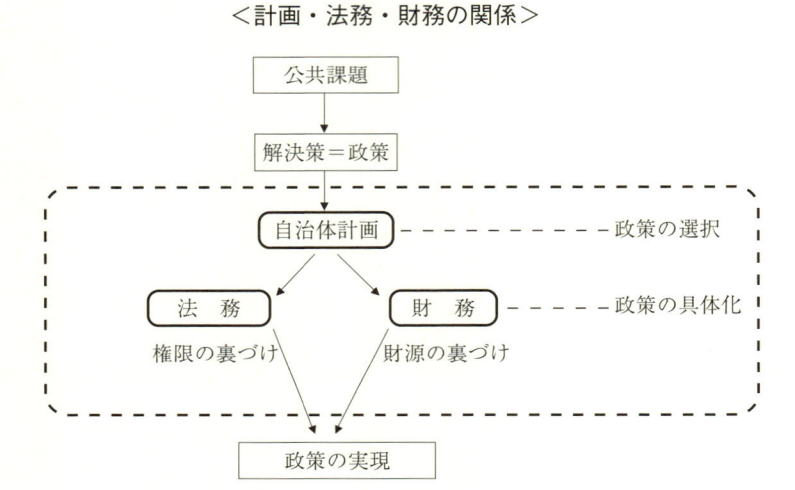

```
公共課題
   ↓
解決策＝政策
   ↓
自治体計画 －－－－－－ 政策の選択
   ↓   ↓
 法 務  財 務 －－－－－ 政策の具体化
権限の裏づけ 財源の裏づけ
   ↓
政策の実現
```

(2) 福祉法務

① 法にもとづく行政

　国・自治体の行政は、主権者の代表機構である議会の議決により成立する法にもとづいておこなわれなければならない（法治主義・法の支配）。ここでいう法には、国会の可決によって成立する法律だけでなく、自治体議会の可決によって成立する条例もふくまれる。

　国は、自治体政策に関する全国基準として法律を制定し、自治体は、みずからの政策準則として条例を制定する。これらの法は、「行政法」の一部とされているが、政策に関する法であるから「政策法」とよぶこととしたい。

　また、行政とは、単なる法の執行なのではなく、国・自治体レベルにおける政府政策の立案と執行である。

　なお、法には、国内法として国法（法令）および自治体法（条例・規則）があり、国際法として条約があるが、この三つの法を組み合わせながら運用すべきである。

＜現行法の体系＞

```
            ┌ 自治体法 ┬ 条例
            │          └ 規則
     ┌ 国内法 ┤          ┌ 憲法
     │      │          │ 法律 ┐
法 ──┤      └ 国  法 ┤ 政令 ├ (命令) ─ (法令)
     │                  └ 府・省令 ┘
     └ 国際法 ┬ 普通条約
              └ 国際慣習法
```

② 従来型法務と政策法務

　ア　従来型法務

　従来の自治体法務は、政策との関連が不十分で、次のような問題点をもっていた。このような自治体法務を「従来型法務」とよぶことにしたい。

　第一に、自治立法については、モデル条例の丸ウツシがおこなわれ、条例・規則の形式面や用語・用法などの技術的側面を重視した審査事務が中心であった。また、議員提案の条例もふくめて独自条例の制定はすくなく、議会審議も形式的になりがちであった。

　第二に、国法の解釈運用については、主に行政実例や所管の中央省庁監修の注釈書などにもとづいておこなわれた。いわゆる機関委任事務体制がこれであり、所管省庁の通達があり、また所管省庁に照会し回答を求めることもできた（行政実例）。

　第三に、不服申立てについては、行政処分が正当化されがちであった。また、訴訟については、訴えがあったのでやむをえず応訴するという消極的な立場から弁護士に全面的に任せて、政策の正当性を主張するという観点が欠落していた。

　第四に、国法の欠陥・不備については、国の制定・改正をまつだけであった。

　イ　政策法務

　法は、政策を実現するための権限の裏づけとなるものであり、政策実現の重要・

不可欠な手段である。政策法務は、政策実現のための権限の裏づけとなる法を積極的に活用する戦略的手段である。福祉政策の分野の政策法務については、「福祉法務」とよぶこととしたい。

1) 自治立法法務

　自治体は、憲法94条にもとづいて条例制定権を有しており、自治体政策に関する法規範として条例を制定することができる。条例は、市民の直接選挙による多様な意見をもつ議員で構成される議会での審議・議決をへて制定される。また、条例は、法規範として地域社会のルールをさだめるとともに、必要におうじて罰則などを設けることによって強制力をもつ。したがって、自治体は、地域の実情と必要におうじた政策の条例化を積極的におしすすめていくべきである。

2) 自治解釈運用法務

　自治体は、自治行政権および自治立法権の行使に際して、国法を自主的に解釈する自治解釈権を有している。すなわち、自治解釈には、自治体政策の直接の実施根拠となる国法の解釈・運用と条例・規則の制定にあたり国法との調整・整合をはかるための解釈とがある。いずれの場合にも、自治体政策の展開にあたって、既成の国法を地域の必要にもとづき地域の特性をいかせるように解釈し、運用することである。解釈・運用には、国法の選択・複合もふくみ、自治体は、地域の必要にもとづき、根拠法を選択し、複数の法律規定を複合化することによって政策の展開をはかることも必要になる。

3) 争訟法務

　自治体は、政策の適否を争点として、行政不服申立て、住民監査請求・住民訴訟その他行政事件訴訟や損害賠償請求訴訟などで争うこともおおい。自治体は、これらの争訟手続きをとおして、みずからの政策の正当性を主張・立証していかなければならない。したがって、争訟法務の領域の重要性がましてきており、争訟の場面でも自治体は主体的に対応することが必要である。

　自治体政策をめぐる訴訟件数もおおくなっており、自治体は、政策責任者として訴訟の局面でも法令の解釈や条例などの政策基準の正当性を主体的に主張していかなければならない。

4) 国法改革法務

　　国法の存否が地域の必要にもとづいた自治体政策の展開の妨げとなったり、それを困難にしていたり、あるいは不適切ないし時代錯誤のときもある。自治体は、必要な国法の制定・改正について、国任せにすることなく、積極的に可能な手段によって提起・要請し、必要におうじて地方六団体などを通じて国への働きかけをする必要もある。

③　福祉法

　ア　自治体法＝条例

　自治体は、これまで先駆例を除いて、全体的に政策の条例化には消極的であったといえる。その理由として、議会の面倒な審議・議決手続きを避けたいという執行部門側の思惑、「法令に違反しない限り」という法的な制約、議会における立法能力の未熟さなどをあげることができる。だが、いずれも自治体機構内部の消極的な理由であって、市民の立場からみれば自治体の怠慢だとの誇りをまぬがれないであろう。自治体政策の基準・準則は条例にさだめることが基本であること、法令については地域特性をふまえた自治解釈権があること、条例は議会における最重要な議決事件であることなどを再確認する必要があろう。福祉分野の条例をみても、そのほとんどが公の施設である福祉施設の設置条例や介護保険条例など国法にもとづくものであった。自治体は、自立した政府として独自の政策条例を積極的に制定するとともに、体系化し、整備する必要がある。

　　(a)　自治基本条例

　　　自治基本条例は、自治体運営の基本となる理念・原則・制度をさだめ、他の条例・規則の上位規範として自治体の最高規範に位置づけられる。いわば、「自治体の憲法」である。基本条例の制定手続は、一般の条例と異ならないが、市民の代表機構である議会が当該自治体の最高規範としてさだめれば、それが尊重されなければならず、その意味で他の条例・規則などに優位することになる。

　　　自治体は、国から自立した政府として自治（体）基本条例を標準装備すべき時代にはいっている。この条例には、自治体政策の重要領域である福祉政策の基本についてもさだめておく必要がある。

(b)　福祉保健総合条例

　　　政策分野別の総合条例として、福祉、都市、環境などのそれぞれの政策分野を包括する条例が制定されることがある。この総合条例は、複雑・多様化し、重要課題をかかえる政策分野について、政策の総合化・体系化をはかるとともに、個別条例に指針や方向づけをあたえることになる。福祉政策分野の条例についてみると、高齢者、子ども、障害者など対象者別に、それがさらに細分化されているのが現状である（巻末資料参照）。地域に根ざした質のたかい福祉保健政策を誘導するための理念・原則や基本的な施策・計画などをもり込んだ「福祉保健総合条例」の制定が望まれる。

　(c)　福祉個別条例

　　　個別条例は、個別施策に対応した条例で、通常、この種の条例が制定される。しかも上述のように対象者別の条例がおおく、それがさらに細分化されているので、できる限り統合化して、わかりやすい条例にすべきである。また、規則によることが可能な事項についても、重要な政策や市民の権利・義務にかかわるものについては条例化すべきであろう（「保育料条例」など）。さらに、福祉政策の分野には、「要綱」がおおいが、内容を精査して、ひろく市民の権利・義務にかかわるものについては、条例化すべきである。

イ　国法―法律

　福祉法制は、第二次世界大戦直後の1946年から1949年にかけての「福祉三法」（生活保護法・児童福祉法・身体障害者福祉法）の時代から、高度経済成長期の1960年から1964年にかけての「福祉六法」（福祉三法＋知的障害者福祉法・老人福祉法・母子及び寡婦福祉法）の時代をへて、重要な法改正や新法の制定がおこなわれてきている。

　国法は、自治体政策に関してはその全国基準や制度の基本的な枠組みづくりを内容とすべきであるが、現実には国法で自治体におおくの事業の実施を義務づけるとともに、事業の実施方法などの細部規定を設けるなどにより過剰な規制となっている（規律密度の高い法令）。自治体は、国法にもとづいて施策・事業を実施することがおおいが、福祉政策の分野においてそれがとくに顕著である。自治体は、国法にもとづく政策の実施にあたっては、その自治解釈・運用に努めていかなけ

ればならない。

　自治体の福祉政策にかかわりをもつ「福祉法」は、数おおく制定されているが（巻末資料参照）、憲法を基本とした法の体系化が課題である。
　（a）　福祉基本法・共通法
　　　　国の基本法である憲法のもとに、福祉法の領域には、共通法としての社会福祉法が社会福祉を目的とする事業の全分野における共通的事項をさだめている。また、基本法（※12）として、高齢社会対策基本法、少子化社会対策基本法および障害者基本法がそれぞれの分野における政策・制度の基本理念・方針・枠組みなどをさだめている。
　（b）　個別福祉法
　　　　個別の福祉法は、高齢者・子ども・障害者などの対象者別の法、市民の健康づくり・疾病予防・治療などに関する健康関係法、保健・医療・介護・リハビリなどの専門的な知識・技術をもつ人材を確保するための福祉人材法、これらを補完する福祉補完法などにわけられる。

▶▶▶（3）　福祉財務

① 　従来型財務と政策財務

　従来の自治体財務は、地方税や国庫補助負担金などの財源を、どのようにして、どれだけ確保するかという財源・収入の問題が中心であり、財源を配分すべき政策の選択は二の次であった。したがって、カネ（財源）があるから予算に計上するということにもなりがちで、たとえば国の補助金がつくということで、必要度・優先度のひくい事業をおこなうことすらあった。もちろん、財源の確保は、欠かすことができないことであるが、より重視すべきことは市民にとって真に必要とする政策は何かという選択と優先づけである。すなわち、先に、選択・優先づけ

※12　基本法
　一般に題名に「基本法」の用語がつけられている法律をさしている。基本法には、国政上の重要分野における政策・制度の基本理念・方針・大綱などがさだめられている。制定改廃手続は、一般の法律と同じであるが、基本法と同一分野の他の法律の「親法」として優越的な地位にあるものとされ、他の法律や制度・政策を方向づけ、誘導する役割をもっている。

された政策があり、それに必要な財源をヤリクリするという基本的な考え方を必要とする。今日の財源縮小期にあって、市民負担にも限界がみえるなかでは、このような考え方がなおさらのこと必要である。このようにして、従来の収入論・財源論を中心とする「財政」と支出論・政策論としての「財務」とを区分し、前者を重視する考え方を「従来型財務」、後者を重視する考え方を「政策財務」とし、福祉政策の分野の政策財務については「福祉財務」とよぶこととしたい。

② 予算と政策

　自治体の財務は、予算が中心となる。予算は、政策実施に必要な経費を財源の配分によって見積もったものである。つまり、予算は、各年度において実施すべき政策を事業レベルで網羅し、その事業の必要経費を歳出予算に財源の配分のかたちでくみ、その必要な財源を歳入予算に見込んでいる。したがって、予算とは、実質的にみて、「各年度において実施すべき政策を金額で表したもの」ととらえるべきである。一般的に、予算とは、「一会計年度における収入・支出の見積もりである」と定義されているが、これでは予算本来の政策的意味合いを理解することができない。

　自治体は、自治体計画にもり込まれた政策を実施するために、毎年度、予算を編成し、議会の議決をへて、執行する。その執行実績を決算としてまとめ、議会の認定をへて、政策責任をはたすことになる。

③ 財務の範囲

　憲法および財政法では、国の「財政」と規定され、地方自治法では、「財務」と規定されているが、自治体・国ともに財政・財務の両面があることを強調したい。地方自治法の財務の規定は、会計年度・会計区分、予算、収入・支出、決算、契約、現金・有価証券、時効、財産、住民監査請求・住民訴訟などまでふくむ内容になっている。だが、財務の中心は、予算であって、収入・支出が予算の執行そのもの、契約が支出の原因行為、現金・有価証券が収入・支出の手段、決算が予算の執行結果の集約、財産が予算執行による取得・管理・処分である。さらに、住民監査請求・住民訴訟は、予算執行や財産管理などにたいする納税者である市民の監視・制御の仕組みである。したがって、自治体の財務は、予算の一連の過程になっている。

＜財務過程＞

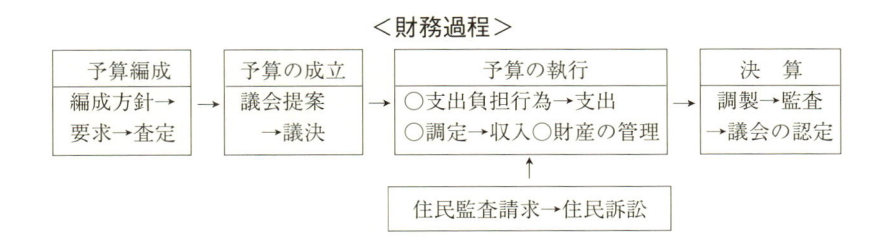

```
┌─────────┐   ┌─────────┐   ┌──────────────────┐   ┌─────────┐
│ 予算編成 │   │予算の成立│   │    予算の執行    │   │ 決  算  │
│編成方針→ │→ │議会提案  │→ │○支出負担行為→支出│→ │調製→監査│
│要求→査定 │   │  →議決  │   │○調定→収入○財産の管理│   │→議会の認定│
└─────────┘   └─────────┘   └──────────────────┘   └─────────┘
                                       ↑
                              ┌──────────────────┐
                              │住民監査請求→住民訴訟│
                              └──────────────────┘
```

④　福祉政策経費

　ア　歳出経費の状況
　　（a）目的別歳出経費
　　　　自治体の目的別歳出経費では、土木費が減少し、教育費が横ばいの状況なかで、民生費の伸びがいちじるしい。とくに、市町村においては、高齢者、子ども、障害者、生活保護などの福祉領域の比重がたかいことから民生費の割合がおおきくなっている（巻末第１章関係資料参照）。今日、限られた財源のなかで、スクラップ・アンド・ビルドの原則にもとづいた民生費の見直しが緊急課題である。
　　（b）民生費の内容
　　　　民生費の目的別内訳をみると、児童福祉費がもっともおおきな割合をしめ、以下、社会福祉費（障害福祉費など）、老人福祉費、生活保護費とつづく（巻末資料参照）。また、民生費の性質別内訳をみると、高齢者・障害者・生活困窮者などの援助経費である扶助費がもっともおおきな割合をしめ、以下、繰出金（国民健康保険事業会計、介護保険事業会計、老人保健医療事業会計などへの繰出し）、人件費、物件費（賃金・委託料など）とつづいている。性質別内訳の分析によって、経費の見直しをすすめていく必要がある。

　イ　福祉政策経費の財源
　　自治体の福祉政策経費にあてる財源には、地方税、地方交付税などのように使途が特定されていない一般財源と国庫・都道府県支出金や地方債などのように使途が特定されている特定財源とがある（巻末資料参照）。なお、介護保険などの特別

会計では保険料もおおきな財源となっている。

　このうち、地方税は、一般財源であるとともに、自治体みずからの手で賦課・収納できる自主財源であり、毎年度経常的に収入が見込まれる経常財源でもあることから、自治体にとってもっとも望ましい財源である。したがって、地方税の一層の拡充が求められる。

ウ　福祉政策経費の負担

(a)　経費負担の原則

　　　自治体は、自治体の事務を処理するために必要な経費その他法律・政令により自治体の負担とされている経費を支弁する。法律・政令により自治体にたいし事務の処理を義務づける場合においては、国がそのために必要な経費の財源につき必要な措置を講じなければならない（自治法232条）。

　　　そこで、自治体は、自治体の事務をおこなうために要する経費の全額を負担し、福祉関係経費では、次のような場合に国が全部または一部を負担する（地方財政法9条以下）。

国が負担する経費の内容	国が全部・一部負担する経費（例）
自治体が法令にもとづき実施しなければならない事務であって、自治体と国相互の利害に関係ある事務のうち、その円滑な運営を期するために国がすすんで経費を負担する必要のあるもの	生活保護に要する経費、精神保健福祉に要する経費、身体障害者の更生援護に要する経費、知的障害者の援護に要する経費、介護保険の介護給付などに要する経費、児童手当に要する経費、国民健康保険の療養の給付などに要する経費、児童扶養手当に要する経費など
自治体が国民経済に適合するように総合的に樹立された計画にしたがって実施しなければならない法律・政令でさだめる建設事業に要する経費	児童福祉施設その他社会福祉施設の建設に要する経費など

(b) 福祉政策経費の負担
　1）　福祉法の定め
　　　福祉政策の実施に要する費用の負担については、上述の経費負担の原則にもとづき、各福祉法においてさだめられている。
　2）　国庫支出金
　　　国は、自治体が支弁する福祉政策の実施に要する費用の一定割合を負担・補助する（巻末資料参照）。
　　　国庫負担金は、国と自治体とが共同責任をもつ事業について経費負担区分をさだめて義務的に負担するものであり、国庫補助金は、特定の事業の奨励や財政援助としておこなわれるもので、国に特別の交付義務はない。
　　　国庫補助・負担金をめぐっては、交付条件が細かくさだめられ自治体の自主性・独自性をだせないこと、算定基準がひくいため自治体に超過負担をもたらしていること、自治体の政策選択で補助がつくものを優先しがちであることなどの問題点があげられ、その改善が求められる。
　　　また、補助金をうけて整備した施設について他目的への転用や譲渡・取り壊しなどの処分にたいする制約の緩和が求められる。
　3）　都道府県支出金
　　　都道府県支出金は、国庫支出金と同じ仕組みとなっているが、国の負担金・補助金にくわえて市町村へ交付されることがおおい（間接補助）。独自の都道府県補助金については、政策選択や財政力によって都道府県間に格差が生じている。
　4）　費用徴収
　　　市町村長は、利用者やその扶養義務者から負担能力などにおうじて、市町村が支弁した費用の全部または一部を「徴収することができる」とされている（費用徴収）。保育所の保育料（児童福祉法56条3項）がその例であるが、その適正化が求められる。

<市町村・都道府県・国の財政関係>

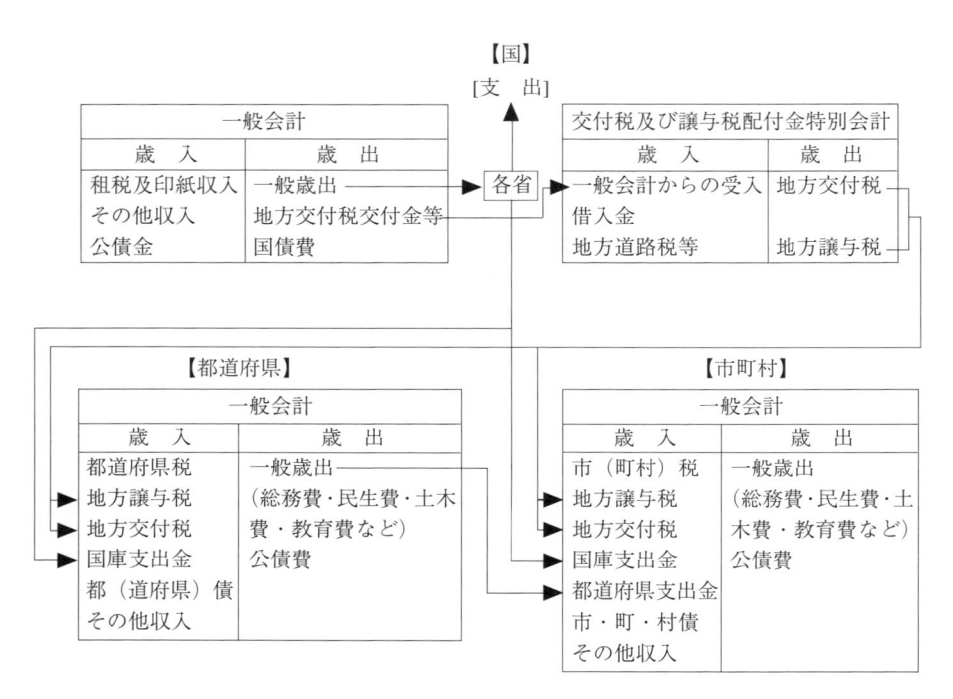

【国】
[支出]

一般会計	
歳　入	歳　出
租税及印紙収入	一般歳出
その他収入	地方交付税交付金等
公債金	国債費

各省

交付税及び譲与税配付金特別会計	
歳　入	歳　出
一般会計からの受入	地方交付税
借入金	
地方道路税等	地方譲与税

【都道府県】

一般会計	
歳　入	歳　出
都道府県税	一般歳出
地方譲与税	（総務費・民生費・土木費・教育費など）
地方交付税	
国庫支出金	公債費
都（道府県）債	
その他収入	

【市町村】

一般会計	
歳　入	歳　出
市（町村）税	一般歳出
地方譲与税	（総務費・民生費・土木費・教育費など）
地方交付税	
国庫支出金	公債費
都道府県支出金	
市・町・村債	
その他収入	

第3章　高齢者福祉政策

【要　点】

1) 21世紀の日本社会は、65歳以上の高齢者の絶対数がおおく、全人口にしめる比率のたかい高齢社会であるとともに、100歳長寿者（センテナリアン）が3万人をこえる長寿社会である。

2) 長寿高齢社会にあっても、おおむね8割をこす高齢者は、心身ともに健康で自立した日常生活をいとなんでいる、いわば元気高齢者である。元気高齢者には、社会の第一線で活躍しつづけている者もいるが、そのおおくの人たちが現役を退いて地域社会にもどり、地域活動、ボランティア、文化・学習などの活動をおこなっている。

3) 一方、長寿高齢社会においては、ひとり暮らし高齢者や高齢者のみ世帯がふえて、安否や火災などで心配される人たちもいる。そればかりか、地域社会から孤立した孤独な生活をおくっていて、死後何日もたって発見される「孤独死」やうつ病などから自ら命をたつ人も後をたたない。さらに、同居の家族などから心身にわたり虐待をうけている高齢者もふえている。

4) 人は、加齢にともなう心身機能の低下をさけることができない。寝たきりや認知症などの状態になって介護を必要とする人たちも年々ふえ、その状態は重度化・長期化している。核家族化のなかで介護者の高齢化（老老介護）や認知症者による介護（認認介護）の現実もあり、家族だけの介護には限界がある。

5) 現役を引退した高齢者の生活費は、主として公的年金によってまかなわれているが、収入がとぼしくきびしい生活を強いられている高齢者もおおい。

6) 長寿高齢社会において、高齢者が安心した生活をおくるためには、年金・介護・医療の充実を欠かすことができない。

1 一般的福祉施策

　21世紀の長寿高齢社会における高齢者福祉施策は、かつての人生50・60年時代における敬いの対象あるいは経済的・身体的に「弱い」高齢者像にもとづいたものでなく、人生80年という長寿化、社会保障・福祉サービスの充実、高齢者の経済的・精神的自立などの状況変化をふまえたものでなければならない。

▶▶▶ (1) 高齢者福祉の理念

　1963年に制定された老人福祉法は、高齢者福祉に関する最初の総合的・基本的な法律である。この法律は、高齢者福祉関連法のいわば一般法ともいうべき性格をもち、政策の全国基準ないし基本的な枠組みをさだめている。その後の時代の変化に対応し

> ■老人の日と敬老の日■
> 老人の日（9月15日）および老人週間（9月15日〜21日）は老人福祉法に、敬老の日（9月の第3月曜日）は、国民の祝日に関する法律にそれぞれさだめられている。

て、本法の改正や関連法の制定がおこなわれてきている。老人福祉法では、高齢者福祉の基本的理念として、次の3つをかかげている（同法2・3条）。

1) 高齢者は、多年にわたり社会の進展に寄与してきた者として、かつ、豊富な知識・経験を有する者として敬愛されるとともに、生きがいをもてる健全で安らかな生活を保障されるものとする。
2) 高齢者は、老齢にともなって生ずる心身の変化を自覚し、つねに心身の健康を保持し、その知識・経験を活用して、社会的活動に参加するように努めるものとする。
3) 高齢者は、その希望と能力におうじ、適当な仕事に従事する機会その他社会的活動に参加する機会をあたえられるものとする。

▶▶▶ (2) 基本的高齢者福祉施策

以下では、老人福祉法にもとづく基本的な高齢者福祉施策についてのべる。

① 実情把握と情報提供・相談等

市町村は、高齢者の福祉に関する実情の把握、高齢者の福祉に関する情報の提供・相談・調査・指導およびこれらに付随する業務をおこなう。

② 総合的支援体制の整備

市町村は、障害のある高齢者が自立した日常生活をいとなむために最も適切な支援が総合的にうけられるように、地域の特性におうじた体制の整備に努めなければならない。この場合、ひきつづき居宅において日常生活をいとなむことができるよう配慮しなければならない。

③ 居宅生活支援事業

市町村は、老人居宅生活支援事業をおこなうことができる。居宅生活支援事業には、老人居宅介護等事業、老人デイサービス事業、老人短期入所事業、小規模多機能型居宅介護事業および認知症対応型老人共同生活援助事業があるが、いずれの事業も介護保険の対象となるものである。

④ 老人福祉施設の設置

市町村は、老人福祉施設を設置することができる。老人福祉施設には、老人デイサービスセンター、老人短期入所施設、特別養護老人ホーム、養護老人ホーム、老人介護支援センター、軽費老人ホームおよび老人福祉センターがある（巻末資料参照）。このうち、老人デイサービスセンター、

■老人ホームの形態■

老人ホームには、養護老人ホーム、特別養護老人ホーム、軽費老人ホームおよび有料老人ホームの4つの形態がある。軽費老人ホームには、A型（食事つき）、B型（食事なし）およびケアハウス（介護つき）の3種類がある。有料老人ホームは純然たる民間の施設であるが、有料老人ホームを設置しようとする者は、あらかじめ、都道府県知事に所定の事項を届出なければならない。

老人短期入所施設、特別養護老人ホームおよび軽費老人ホームのなかの介護利用型軽費老人ホームは介護保険の対象となる施設である。

⑤　措置によるサービス

　ア　介護保険適用サービス
　市町村は、65歳以上で、やむをえない事由により介護保険の利用がいちじるしく困難であると認められる者にたいして、訪問介護、通所介護、短期入所生活介護、小規模多機能型居宅介護、認知症対応型共同生活介護、介護老人福祉施設入所などについては措置により提供する。

　イ　養護老人ホーム入所・養護の委託
　養護老人ホームの入所および養護の委託は、措置によっておこなわれる。

⑥　健康保持・福祉増進事業
　自治体は、高齢者の心身にわたる健康保持に役だてるための教養講座、レクリエーションなどひろく高齢者が自主的・積極的に参加することのできる事業を実施するように努めなければならない。また、自治体は、高齢者福祉を増進する事業の振興をはかるとともに、高齢者（老人）クラブなどにたいして適当な援助をするように努めなければならない。
　高齢者（老人）クラブは、高齢者が心身の健康の増進をはかり、高齢期の生活を健全でゆたかにすることを目的とした地域の自主的な組織である。活動内容は、スポーツ・レクリエーション活動、趣味活動などみずからの健康増進のための活動ばかりでなく、地域内の清掃、福祉施設の訪問など社会奉仕活動など幅ひろいものとなっている。だが、高齢者（老人）クラブは、高齢者の価値観・意識や生き方の多様化を反映して、全体的には会員数がへってきている（巻末資料参照）。高齢者（老人）クラブのあり方も問われているが、自治体としては、ひろく地域における高齢者の活動拠点の整備をはかっていく必要があろう。

2 高齢者の所得施策

(1) 公的年金制度

① 公的年金の仕組み

　公的年金制度は、国民の高齢期における所得保障の中心として、高齢者の生活をささえている。公的年金制度は、現役世代の強制加入により安定的な保険集団をつくり、物価上昇や生活水準の向上に対応した給付に必要な財源を後世代に求めるいわゆる世代間扶養の仕組みをとっている。公的年金は、国民年金法、厚生年金法および各共済組合法にもとづき、老齢・障害・生計維持者の死亡による所得の減少・喪失を補うために終身にわたって支給される金銭給付である。

　公的年金制度には、国民年金（日本国内に住所のある20歳以上60歳未満のすべての人が強制加入）と被用者年金（民間企業の被用者などが加入する厚生年金および国家・地方公務員などが加入する共済組合年金）とがある。公的年金制度は、1986年の抜本的改革により、全体としていわゆる2階建ての年金制度に再編成された。国民年金については、全国民に共通する基礎年金を支給する制度とするとともに、厚生年金や共済組合年金をその上乗せとして報酬比例の年金を支給する制度とされた。

　なお、自営業者などにたいする基礎年金の上乗せとして国民年金基金がある。また、私的年金である個人年金や企業年金は、公的年金の基盤のうえに、その補完的な役割をもっている。

<公的年金の体系>

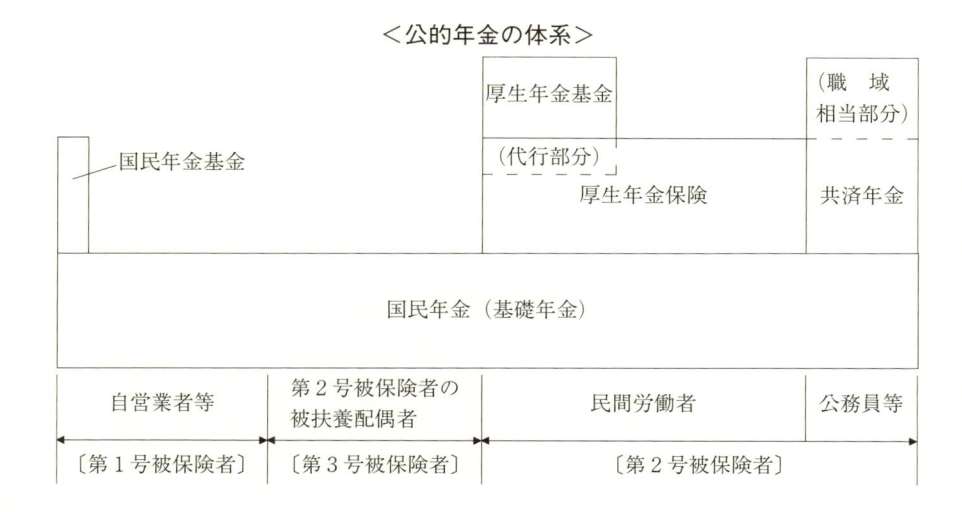

		厚生年金基金	（職域相当部分）
国民年金基金		（代行部分）	
		厚生年金保険	共済年金
国民年金（基礎年金）			
自営業者等	第2号被保険者の被扶養配偶者	民間労働者	公務員等
〔第1号被保険者〕	〔第3号被保険者〕	〔第2号被保険者〕	

　公的年金をめぐっては、少子高齢社会にあって、保険料を負担する現役世代の減少と給付をうける高齢者の増加にともない、財源の確保と給付費の抑制が緊急課題となっている。

　また、国民年金保険料の納付率の低下や未納は、年金制度の空洞化・崩壊をもたらしかねず、将来の生活保護にもおおきな影響をあたえかねない。この問題とも関連して、基礎年金の税負担のあり方と分立している制度の統合がおおきな課題である。

　以下では、全国民共通の基礎年金である国民年金についてのべる。

② 国民年金事務の国への移管

　2000年分権改革は、福祉分野にもおおきな影響をあたえた。その一つとして、機関委任事務の廃止にともない、市町村長が機関委任事務として処理していた国民年金保険料の収納などの主要な事務が2000年度および2002年度の2段階にわけて、国（社会保険庁）へ移管された。ただし、第1号被保険者に関する届出などの事務は法定受託事務として引きつづき市町村が処理している。この移管が契機となって、保険料の収納率の低さや未納問題がおおきく取りあげられ、年金制度への信頼感をゆるがせることになった。

なお、社会保険庁は、2010年1月に廃止され、新たに非公務員型の公法人として、「日本年金機構」が設立される。

③ 年金の財政運営

ア 財政方式

国民年金の財政方式には、積立方式と賦課方式とがある。積立方式は、将来の年金給付に必要な原資をあらかじめ保険料で積み立てていく財政方式であり、賦課方式は、年金給付に必要な原資をその時の現役世代の保険料でまかなう財政方式である。

積立方式では、加入者や受給者の年齢構成が将来見通しどおり推移するかぎり、高齢化がすすんでも保険料に影響をうけないが、保険料の運用収入を見込んで保険料をきめるため、金利の変動など経済的要因の影響をうける。これにたいして、賦課方式では、保険料率が基本的に年金受給者と現役加入者の比率によってきまるため、高齢化がすすむと保険料は影響をうけるが、建前上、積立金を保有していないため、金利の変動などの影響はうけない。日本の現行年金制度は、ある程度の積立金を保有し、積立方式の要素をもちつつも、賦課方式を基本とした財政方式になっている。

イ 財源方式

国民年金の財源方式には、保険料で財源をまかなう社会保険方式と税で財源をまかなう税方式とがある。現行制度は、被保険者が現役時に保険料をおさめて親世代をささえ、その貢献度である保険料の納付実績におうじて、後世代の保険料から年金給付をうけるという、世代間扶養による社会保険方式をとっている。社会保険方式では、給付と負担の関係が分かりやすいこと、給付の権利性を主張できることなどの利点がある反面で、保険料の未納問題がさけられないことなどの欠点がある。これにたいして、税方式は、すべての国民に年金給付ができること、保険料未納の問題が発生しないことなどの利点がある反面、負担と給付の関係が曖昧となること、財政状況により給付の権利性が脅かされることがあるなどの欠点がある。そこで、安定的に年金制度を運営していく方法として、基礎年金の給

付費の財源は、社会保険方式を基本に税方式を組み合わせるものとなっている。

税財源による国庫負担の割合は、2009年度から3分の1を2分の1にすることになっている。

第1号被保険者の国民年金保険料は、直接納めることになっており、第2号被保険者の国民年金（基礎年金）保険料は、厚生年金などの保険料にふくまれている。また、第3号被保険者は、本人の保険料負担はなく、配偶者の加入している年金の保険者が負担している。

第1号被保険者本人が障害基礎年金の受給権者や生活保護法の生活扶助受給者などの場合には、本人の届出により保険料が免除される（法定免除）。また、第1号被保険者本人および保険料連帯納付義務者である世帯主・配偶者が、経済的理由や災害にあったなどの理由で保険料を納めることが困難なときは、本人が申請して承認をうければ、保険料の全部または一部が免除される。

④　給付の種類

　　ア　老齢基礎年金

老齢基礎年金は、保険料納付期間（保険料免除期間のある者はその期間をくわえる）が25年以上ある者が65歳から受給できる。保険料納付期間などにおうじて減額され、付加年金を納付した者には加算される（年金額⇒巻末資料参照）。

　　イ　障害基礎年金

障害基礎年金は、年金加入中の病気やけがなどが原因で障害を有することとなった場合に支給される。ただし、障害発生までの被保険者（加入者）期間中に原則として被保険者期間の3分の1以上の保険料の未納がなかったことなどが必要である。20歳未満の時の病気やけがなどが原因で障害を有することとなった場合にも支給される。

　　ウ　遺族基礎年金

遺族基礎年金は、年金加入者や年金受給者が死亡した場合、死亡した者に生計を維持されていた遺族（子のある妻または子）に支給される。年金額は、老齢基礎年金の満額と同じで、子のある妻には加算される。

(2) 高齢者の就労

　地域において高齢者に就労の機会を提供する組織として、全国の市町村にシルバー人材センターが設立され、活動している。シルバー人材センターは、定年などで現役引退後も高齢期を有意義で健康にすごすために何らかの形で働くことを希望する高年齢者がふえてきたことを背景に、東京都において、1975年に「高齢者事業団」が設立されたことが先駆けとなって全国各地にひろがっていった。その後、「高齢者事業団」の名称は、「シルバー人材センター」に統一され、1986年施行の「高年齢者等の雇用の安定等に関する法律」（高齢者雇用安定法）にもとづいて、一般社団法人・財団法人で都道府県知事の指定をうけて、「自主・自立、共働・共助」の理念にもとづき、会員の総意と主体的な参加により運営されている。
　シルバー人材センターは、一般雇用になじまないが、働く意欲をもっている健康な高齢者のために就労の機会を確保・提供するため、地域の家庭・企業、自治体などから請負または委任契約により仕事（受託事業）を受注し、会員として登録した高年齢者のなかの適任者に提供し、実績をあげている（巻末資料参照）。仕事の提供をうけた会員は、契約内容にしたがって仕事をおこない、仕事の内容と就業実績によって「配分金」（報酬）をうけることになる。
　受託事業は、公共施設の管理、広報紙の配布、経理事務、毛筆筆耕、植木剪定、ふすま・障子張り、清掃、家事援助、観光ガイドなど多様である。独自事業としては、学習・書道教室、リサイクル事業、表具・表装、刃物研ぎ、竹・わら・木工製品製作などがおこなわれている。また、各種教室、除草作業などのボランティア的活動もおこなわれている。
　会員は、高齢者としての知識・経験をいかした希望にそった仕事をとおして社会参加して、みずからの健康の維持・増進と生活感の充実をはかりながら地域社会にも貢献している。シルバー人材センターは、自治体・国から財政援助をうけており、活動拠点の提供、仕事の発注などで地元の自治体とふかいかかわりをもっている。

(3) リバース・モーゲージ制度

　リバース・モーゲージ制度は、高齢者が居住する住宅・土地などの不動産を担保として、生活資金や介護・医療費などの資金融資を定期的あるいは一時的にうけ、うけた融資は契約終了時（利用者の死亡・転居・相続など）に、担保不動産の処分またはその他の金融資産をもって、一括返済する制度である。融資がおこなわれている期間中は、元金の返済および利息の支払いは基本的に必要なく、契約終了時に元金および利息が一括返済される仕組みになっている。

> ■**住宅ローンとの違い**■
> 　リバース・モーゲージの「リバース」は「逆の」「反対の」という意味であり、「モーゲージ」は「抵当」「担保」という意味である。通常の住宅ローンは、住宅購入時に一括融資がおこなわれ、その後、毎月の返済により融資残高が減少していくが、リバース・モーゲージでは、逆に毎月融資がおこなわれることで融資残高が増加していき、契約終了時に一括返済がおこなわれる。

　この制度のメリットは、現金収入のすくない高齢者が所有する土地・家屋を担保にして、一定期間に融資をうけ、融資残高が契約者の生存中に満額になっても（融資終了）、死亡などの契約終了時まで、住みなれた自宅を手放さずに住みつづけられることである。また、本人が死亡した時点で担保となっていた不動産を売却して融資を清算するシステムになっているため生前に自宅を手放すような抵抗感を感じなくてすむ。

　リバース・モーゲージ制度には、自治体など公的機関によるものと民間金融機関などによるものとがある。公的機関による場合には、貸付や金利計算などをみずからおこなう直接融資方式と融資をおこなう金融機関を斡旋して、金融機関が利用者に融資をおこなう間接融資方式（斡旋融資方式）とがある。

　公的機関によるものとしては、東京都武蔵野市が福祉公社事業として最初に導入し、その後、いくつかの自治体や後述の生活保護制度にも導入されているが、十分に普及していない。

　ところで、社会保障・年金制度の崩壊・劣化現象が指摘されるなかで、高齢期における生計の維持あるいはゆとりある生活のために、リバース・モーゲージの普及・活用があってよいのではなかろうか。

3　高齢者虐待の防止施策

(1)　虐待防止法の制定

　高齢者虐待は、高齢者の基本的人権を侵害・蹂躙するもので、高齢者の人間としての尊厳をそこない、被虐待高齢者の心身にふかい傷をおわせるものである。
　日本においては1990年代にはいり、民間団体が高齢者虐待の実態調査と研究をおこない、高齢者虐待の深刻な状況をあきらかにした。これにたいして、自治体などによる虐待防止への取り組みがおこなわれてきたが、より強力な虐待防止の施策を推進するために、法整備が求められていた。欧米諸国にくらべて社会的な取り組みが相当におくれていたが、ようやく2005年に、高齢者虐待の防止、養護者にたいする支援などに関する施策を促進し、高齢者の権利利益の擁護を目的として、議員提案による「高齢者虐待の防止、高齢者の養護者に対する支援等に関する法律」(高齢者虐待防止法)が成立・公布され、2006年から施行された。同法の施行により、全国的な虐待の実態などもあきらかになってきた(巻末資料参照)。

(2)　虐待の態様

　高齢者虐待とは、養護者(高齢者を現に養護するもの)、親族および養介護施設(老人福祉施設、有料老人ホーム、介護保険施設など)や養介護事業所(居宅サービス事業所、地域密着型サービス事業所、居宅介護支援事業所など)の従事者などによる次にあげる行為をいう。

<高齢者虐待行為の態様>

態　　様	虐待行為の内容
身体的虐待	高齢者の身体に外傷が生じ、または生じるおそれのある暴行をくわえること（殴る・蹴る・つねるなど）
養護（介護）放棄（ネグレクト）	高齢者を衰弱させるようないちじるしい減食または長時間の放置など養護をいちじるしく怠ること（必要な医療・食事・暖房を提供しないなど）
心理的虐待	高齢者にたいするいちじるしい暴言またはいちじるしく拒絶的な対応その他の高齢者にいちじるしい心理的外傷をあたえる言動をおこなうこと（侮辱・脅迫などの言葉による暴力など）
性的虐待	高齢者にわいせつな行為をすることまたは高齢者にわいせつな行為をさせること（性的な暴力・性的いたずらなど）
経済的虐待（財産上の不当利得）	高齢者の財産の不当な処分や高齢者から不当に財産上の利益を得ること。高齢者の親族がおこなう場合もふくまれる。

(3) 虐待の通報等

　養護者による虐待をうけたと思われる高齢者を発見した者は、すみやかに、市町村に通報するよう努め、高齢者の生命・身体に重大な危険が生じている場合には、すみやかに、市町村に通報しなければならない。通報をうけた市町村の職員は、その職務上知りえた事項であって、通報をした者を特定させるものを漏らしてはならない。

(4) 自治体の役割

　市町村は、高齢者虐待に関して、次のような役割をになうこととされているが、実際には後述の介護保険制度の地域包括支援センターが主として担当している。
1) 高齢者虐待に関し高齢者・養護者にたいする相談・指導・助言
2) 虐待に関する通報・届出のあった高齢者の安全・事実の確認と連携協力者との対応協議
3) 通報・届出のあった高齢者虐待により生命・身体に重大な危険が生じているおそれがあると認められる高齢者の一時的保護や居宅介護・老人ホーム入

所の措置または成年後見の審判の請求
4) 虐待により高齢者の生命・身体に重大な危険が生じているおそれがあると認めるとき高齢者の住所または居所に立ち入りと必要な調査・質問。この場合、必要があると認めるときは管轄の警察署長の援助を求めることができる。

4　介護保険制度

(1)　介護保険制度の導入と見直し

① 介護保険制度の導入

　高齢者の介護は、かつての大家族で寿命も短かった時代には家庭内で解決することができたが、都市型社会になって小家族化や長寿化がすすみ家族だけの介護が困難になってきた。また、国民の高齢期における最大の不安要因は、本人・配偶者の介護や病気の問題となっている。しかも、高齢者の介護は、要介護者やその家族だけの問題でなく、その担い手や費用負担をふくめた社会全体における重要課題となっている。

　その抜本対策として介護保険法にもとづき介護保険制度が導入されたが、要介護認定者数や保険給付費などが年々増大している（巻末資料参照）。

　介護保険制度は、従来の行政機関の一方的な決定にもとづきサービスを提供する措置制度から介護を必要とする者がみずから必要とするサービスを選択して、サービス事業者と対等当事者の関係で契約をむすんで利用する仕組みに転換したものである。したがって、介護保険制度のもとでは、利用者の主体性が確立され、福祉サービス利用の権利性が明確になるとともに、規制緩和により多様なサービス提供主体の参入がはかられ、介護サービスの量と質を確保する道をひらくものと期待されていた。しかし、介護老人福祉施設（特別養護老人ホーム）などの待機者の状況や指定基準違反事件などにみられるように、サービスの量・質がともに、十分確保されているとはいえない。

② 介護保険制度の見直し

　介護保険制度は、導入5年後の見直しがおこなわれ、改正法が2006年4月1日から施行された。改正の主な内容は、予防給付の見直し・地域支援事業の創設による予防重視型システムへの転換、地域密着型サービス・地域包括支援センターの創設による新たなサービス体系の確立、居住系サービスの充実、給付と負担のあり方の見直しなどである。

　しかし、この改正では、財政負担の軽減による制度の存続自体が優先され、利用者の負担増とサービスの削減がおこなわれた。また、本来、介護保険制度は、利用者本位のわかり易く、利用しやすいものでなければならないが、制度も複雑になり利用しにくいものになっている。この改正は、厚生労働省の主導のもとにおこなわれ、介護保険法附則5条の規定にもかかわらず、自治体その他の関係者からの意見を十分に考慮したものとはいいがたい。

　今後、不可欠なの制度の見直しにあたって、次の2点を指摘しておきたい。

　第一に、法令事項の抑制である。自治体政策に関する法令の規定は、全国基準ないし枠組みにとどめることが基本である。ところが、介護保険事業は自治事務とされながら、介護保険法および同法施行令・同法施行規則などに細部規定が設けられており、その上に多数の通知などが出されている。このため、介護保険法令は、「規律密度の高い法令」となっており、自治体の裁量の余地はせまいものになっている。法令事項の抑制・自制と自治体の裁量範囲の拡大が望まれる。

　第二に、わかり易い仕組み・用語にすることである。介護保険制度は、一般市民の日常生活に直接かかわるものであるが、仕組みやサービス内容が複雑でわかりにくい。また、法令上の用語（たとえば「地域密着型介護老人福祉施設入所者生活介護」）がむずかしく、通常用語との違いもあって混乱する。この用語使用については、自治体における工夫もあってよいであろう。

▶▶▶ (2) 介護保険の基本理念

　介護保険制度は、国民の共同連帯の理念にもとづき、加齢にともない生ずる心身の変化に起因する疾病などによって要介護・要支援の状態になった者がその尊厳を保持し、その有する能力におうじた自立した日常生活をいとなむことができ

るよう、必要な保健医療サービスおよび福祉サービスにかかる給付をおこなうことを目的としている。保険給付は、次の6つの基本理念にもとづいて、おこなわれなければならない（介護保険法1・2条）。

1) 保険給付は、要介護状態または要支援状態の軽減または悪化の防止に資するようおこなわれること（予防の重視）。
2) 保険給付は、医療との連携を十分に考慮しておこなわれること（医療との連携）。
3) 保険給付は、被保険者の心身の状況・おかれている環境などにおうじて、被保険者の選択にもとづき、適切な保健医療サービス・福祉サービスが提供されるように配慮しておこなわれること（利用者主体）。
4) 保険給付は、多様な事業者・施設から保健医療サービス・福祉サービスが提供されるように配慮しておこなわれること（サービス提供主体の多様化）。
5) 保険給付は、保健医療サービス・福祉サービスが総合的・効率的に提供されるように配慮しておこなわれること（サービスの総合化・効率化）。
6) 保険給付は、その内容・水準が可能なかぎり、被保険者の居宅において、その有する能力におうじ自立した日常生活をいとなむことができるよう配慮されること（居宅サービスの重視）。

(3) 介護保険の仕組み

　介護保険制度は、市町村が保険事業を運営し（保険者）、その区域内に住所のある40歳以上の者が加入し（被保険者）、被保険者が介護を必要とする状態になったとき（保険事故）、介護にかかった費用を給付する（保険給付）仕組みである。

① 社会保険方式の活用

　介護保険制度は、国民の共同連帯の理念にもとづき、費用を公平に負担するものとして、社会保険方式を活用している。社会保険は、その事業主体（保険者）が主に国・自治体や公法人であること、法律により一定の者に加入が強制されること（強制加入）、保険料と給付内容が法定され選択できないこと、公費（税）負担や事業主負担があることなどの点で生命保険や火災保険などの私保険とは異なる。

社会保険方式は、一定数の被保険者を確保することによって、保険財政を安定化させるとともに、危険（リスク）を分散させることができる。また、保険事故の発生の可能性がひくい者だけを加入させ、事故発生の可能性のたかい者を加入させないという「逆選択」を防ぐことになる。さらに、私保険では、個別収支対応の原則により保険料をはらえない低所得者は加入できないが、社会保険では、全体としての収支均衡がはかられ、低所得者も加入できる。介護保険は、健康保険、年金保険、雇用保険、労働者災害補償保険につづく第5番目の社会保険である。

■**大数の法則と保険制度**■
疾病や火災などの発生は、個々別々にみれば偶発的で予測が不可能にみえるが、多数のものについて観察すると実際に発生する確率は平均的にほぼ一定している。これを「大数の法則」とよんでいる。また、過去の実績や経験などを統計的にみれば、実際の結果にちかい事故発生の確率が予測できる。この予測にもとづいて事故に対処するために必要な資金も推計でき、その資金をおなじ危険にさらされている多数の者に公正に分担・拠出させ、それを積み立て、事故が発生した場合にこの積立金から事故の救済をおこなう仕組みが保険制度である。

ただ、介護保険の給付費の2分の1が公費負担となっていることから、純粋な保険制度とはいえない。保険方式は、増税が困難ななかで、財源を確保することに国民の理解をうるための便法であるともいえる。

② 保険者

保険者は、保険事業の経営主体で、保険の加入者を確保して、保険料を徴収し、保険給付をおこなうなどの保険事業をおこなう者である。介護保険の創設に際しては、保険者を都道府県や医療保険者などにすべきであるとの議論もあったが、地方分権の流れ、市町村が高齢者の保健福祉事業に経験・実績をつんできていること、介護サービスの内容・水準に地域ごとの特性があることなどの理由から市町村が保険者となっている。市町村単独だけでなく、複数の市町村が一部事務組合や広域連合を設立して共同で保険者となることもできる。また、介護保険は、保険者である市町村を都道府県、国、医療保険者、年金保険者などが重層的にささえるものになっている。保険者である市町村は、被保険者の資格管理、要介護認

定、保険給付、保険料の賦課徴収などに関する事務をおこなう。

　今後、要介護者の増加にともなう介護給付費の増大によって保険財政の「第二の国保」さらに「破綻」も懸念されることから、持続可能な制度とするために、国民健康保険とともに、市町村を保険者としていることの再検討が必要である。

③　被保険者

　被保険者は、保険に加入し、保険料をはらい、保険事故が発生した場合に保険給付をうけることができる者である。介護保険の被保険者は、市町村に住所のある40歳以上の者で、65歳以上の者が第1号被保険者、医療保険に加入している40歳から64歳までの者が第2号被保険者とされている。介護保険制度は、原則として居住している市町村を保険者としているが、介護保険施設や有料老人ホームなどの入所先に所在地を変更した場合には、住所変更前の市町村が保険者となる（住所地特例）。この特例は、介護保険施設などが集中している市町村の介護保険給付費の増加に対処するために設けられた。

　第1号被保険者全員と要介護・要支援認定された第2号被保険者には介護保険被保険者証が交付され、被保険者はサービス利用時にこれを事業者・施設に提示する。

　介護給付費の増大にともなって介護保険料のひき上げがおこなわれてきているが、家族をふくめて国民の誰もが、要介護・要支援状態になる可能性もあることから、被保険者の年齢のひき下げによって、ひろく保険料負担の分かちあいがあってよいであろう。

<第1号被保険者と第2号被保険者の違い>

事　項	第1号被保険者	第2号被保険者
加入者	65歳以上の者	40歳以上65歳未満の医療保険加入者
保険事故	要介護状態・要支援状態	左のうち加齢に起因する特定の疾病によるもの
保険料の賦課・徴収	・市町村が賦課・徴収 ・所得段階別定額保険料 ・年金からの天引きと普通徴収	・医療保険者が医療保険料として徴収 　　　　　　　　　　（特別徴収） ・健康保険：標準報酬×介護保険料率 ・国民健康保険：所得割・均等割等に按分

④　保険事故

　被保険者は、保険事故の発生により保険給付をうけることができる。保険事故とは、保険者が被保険者にたいして保険給付をおこなうことの原因となるべき事故（たとえば、生命保険では死亡や負傷、火災保険では火災など）のことをいう。

　介護保険の保険事故は、要介護状態または要支援状態である。このような状態になったときに、保険給付の対象となるサービスを利用することができる。ただし、第2号被保険者については、加齢にともなって生ずる心身の変化に起因する疾病（特定疾病）（※13）がその原因となっているものに限られる。

　要介護・要支援状態の区分は、以下でのべるように細分化されているが、「非該当」「軽度」「中度」「重度」の4段階程度に簡素化して、弾力的な運用ができるようにすべきである。

ア　要介護状態

　要介護状態とは、身体上・精神上の障害があるために、入浴、排せつ、食事などの日常生活における基本的な動作の全部または一部について、一定期間（6か

※13　特定疾病
　筋萎縮性側索硬化症、後縦靱帯骨化症、骨折を伴う骨粗しょう症、初老期における認知症、早老症、糖尿病性神経障害・糖尿病性腎症及び糖尿病性網膜症、脳血管疾患、パーキンソン病、両側の膝関節又は股関節に著しい変形を伴う変形性関節症、関節リウマチ、がん（末期）など16種類

月）にわたり継続して、常時介護を要すると見込まれる状態をいう。介護の必要の程度におうじて、軽い要介護1から重い要介護5までの5段階に区分されている。

　イ　要支援状態

　要支援状態とは、基本的な日常生活能力があって、常時介護までを必要としないが、身体上・精神上の障害があるために、一定期間（6か月）にわたり継続して、日常生活をいとなむのに支障があると見込まれ、日常生活に支援が必要な状態をいう。支援の必要の程度におうじて要支援1・2の2段階に区分されている。

<要介護・要支援状態区分>

区　分	状　態　像（めやす）
非該当（自立）	自立した日常生活ができ、介助（見守り・手助け）を必要としない状態
要支援1	基本的な日常生活能力はほぼあるが、何らかの介助を必要とする状態
要支援2	基本的な日常生活能力がわずかに低下し、何らかの介助を必要とする状態
要介護1	食事・排せつ・入浴・身だしなみ・衣服の着脱・清掃などの一部に介助を必要とする状態（部分的な介護）
要介護2	食事・排せつ・入浴・身だしなみ・衣服の着脱・清掃などの一部または全部に介助を必要とする状態（軽度の介護）
要介護3	食事・排せつ・入浴・身だしなみ・衣服の着脱・清掃などの全部に介助を要する状態（中等度の介護）
要介護4	食事・排せつ・入浴・身だしなみ・衣服の着脱・清掃などの全般について全面的に介助を必要する状態（重度の介護）
要介護5	生活全般にわたって、全面的な介助を必要とする状態（最重度の介護）

⑤　保険給付

　ア　保険給付の種類・方法
　保険給付とは、保険事故が発生した場合に、あらかじめ定められた基準にもとづき保険者が被保険者に支給する給付のことをいう。介護保険の給付の種類には、要介護者にたいする介護給付と要支援者にたいする予防給付とがある。また、一般に、保険給付の方法には、現金で支払う現金給付と医療サービスのような現物の形で支給する現物給付とがあるが、介護保険では、利用者がサービス費用を事業者・施設にいったん支払い、その後に保険者が利用者に現金給付する方法（償還払い方式）をとっている。しかし、実際には、サービス提供の事業者・施設が利用者に代理して保険給付を保険者に請求・受領すること（代理受領）によって現物給付の形がとられ、利用者は１割の自己負担だけ支払えばよい。

　イ　保険給付の対象サービス
　介護保険給付の対象となるサービスには、居宅サービス（関連サービスをふくむ）、施設サービスおよび地域密着型サービスがある。要介護者については、これらのすべてのサービスが保険給付の対象となるが、要支援者ついては施設サービスおよび地域密着型サービスのうち夜間対応型訪問介護、地域密着型特定施設入所者生活介護および地域密着型介護老人福祉施設入所者生活介護が保険給付の対象とならない。さらに、要支援１の者には、認知症対応型共同生活介護も保険給付の対象とならない。
　　（a）居宅サービス
　　　居宅サービスは、居宅で生活する者が利用するサービスで、12種類あるが、住宅改修費支給および居宅介護・予防介護支援は居宅サービスに密接に関連するものである。
　　　このなかで、寝たきり高齢者には、24時間体制で介護する必要があるが、１日６時間程度の訪問介護だけでは足りず、また、短期入所生活（療養介護）も利用待ちですぐに利用できないなどの問題がある。

<居宅サービス>

区分・名称		内容
訪問サービス	訪問介護	居宅において介護福祉士などによりおこなわれる入浴・排せつ・食事などの介護や日常生活上の世話
	訪問入浴介護	居宅を訪問し、浴槽を提供しておこなわれる入浴の介護
	訪問看護	居宅において看護師などによりおこなわれる療養上の世話・必要な診療の補助
	訪問リハビリテーション	居宅において、心身機能の維持回復をはかり、日常生活の自立を助けるためにおこなわれる理学療法・作業療法など
	居宅療養管理指導	居宅において、医師・歯科医師・薬剤師などによりおこなわれる療養上の管理・指導
通所サービス	通所介護	デイサービスセンターに通わせておこなわれる入浴・排せつ・食事などの介護や日常生活の世話、機能訓練
	通所リハビリテーション	介護老人保健施設・病院・診療所などに通わせ、心身機能の維持回復をはかり、日常生活の自立を助けるためにおこなわれる理学療法・作業療法など
短期入所サービス	短期入所生活介護	特別養護老人ホームや老人短期入所施設に短期間入所させておこなわれる入浴・排せつ・食事などの介護や日常生活上の世話、機能訓練
	短期入所療養介護	介護老人保健施設・介護療養型医療施設などに短期間入所させておこなわれる看護、医学的管理のもとでの介護、機能訓練、必要な医療、日常生活上の世話
その他のサービス	特定施設入所者生活介護	有料老人ホームなどの特定施設においておこなわれる入浴・排せつ・食事などの介護や日常生活上の世話、機能訓練、療養上の世話
	福祉用具貸与	福祉用具（日常生活上の便宜をはかるため・機能訓練のための用具）の貸与
	特定福祉用具販売	福祉用具のうち入浴・排せつの用に供するものなど（貸与になじまない福祉用具）の販売
関連サービス	住宅改修費の支給	小規模な住宅改修（手すりの取りつけ、滑りの防止などのための床材の変更、引き戸などへの扉の取替えなど）の費用の支給
	居宅介護（介護予防）支援	介護サービス計画（ケアプラン）作成費用の支給

(b) 施設サービス

施設サービスは、介護保険施設（指定介護老人福祉施設・介護老人保健施設・指定介護療養型医療施設）を利用することによってうけるサービスである。

実際上の運用や問題点は次のとおりである。

指定介護老人福祉施設（特別養護老人ホーム）の入所者は、施設ごとの入所判定委員会によってきめられるが、定員があるため退所者がないかぎり、すぐには入所できない。しかも、要介護度などの入所判定基準から重度者が優先され、軽度者の入所が後回しにされている。また、完全個室化・ユニット化のために、入所待機者がふえているにもかかわらず、ベットの増床が抑制される結果になっており、個室料として自己負担が上乗せされるなどの問題がある。

介護老人保健施設は、本来、病院での入院・治療がおわって病状が安定しているが、在宅での生活がむずかしい高齢者を対象にリハビリや介護・看護をおこなって、在宅生活ができるようケアすることを目的としている。したがって、3か月～1年以内の退所が前提とされているが、現実には、入所者が在宅にもどるケースはすくなく、病状が不安定になっての再度入院、特別養護老人ホームへの入所または有料老人ホームへの入居などが一般的である。

介護療養型医療施設は、医療給付費の抑制をはかるために、2012年3月末までに廃止されることになっている。療養病床には、医療保険適用と介護保険適用があるが、これを再編成して、医療病床については、医療の必要度のたかい患者をうけいれるものに限定し医療保険で対応するとともに、医療の必要性のひくい患者については、居宅・居住系サービスや介護老人保健施設などで対応することとしている。

<施設サービス>

サービス名	サービスの内容
介護福祉施設サービス	介護老人福祉施設（特別養護老人ホーム）の入所者にたいし、施設サービス計画にもとづいておこなわれる入浴・排せつ・食事などの介護や日常生活上の世話、機能訓練、療養上の世話
介護保健施設サービス	介護老人保健施設の入所者にたいし、施設サービス計画にもとづいておこなわれる看護、医学的管理のもとでの介護、機能訓練、必要な医療、日常生活上の世話
介護療養施設サービス	介護療養型医療施設の入院者にたいし、施設サービス計画にもとづいておこなわれる療養上の管理、看護、医学的管理のもとでの介護・世話、機能訓練、必要な医療

(c) 地域密着型サービス

2006年施行の改正介護保険法では、軽度者にたいするサービスが状態の改善につながっていなかったことから予防重視型システムへの大転換がはかられた。

まず、要支援者にたいする予防給付のケアマネジメントは、新たに創設された地域包括支援センターを中心に実施されることになった。また、ひとり暮らし高齢者や認知症高齢者の増加、居宅生活支援の強化などに対応するために新たなサービス体系として地域密着型サービスが創設された。地域密着型サービスは、市町村長が指定をおこない、原則として施設・事業所の所在地の市民のみが利用できることとされている（自治体間で協定をむすべば他自治体所在の事業所・施設のサービスを利用できる）。このうち、小規模多機能型居宅介護は、主に認知症高齢者向けの在宅介護の拠点となることが期待されているが、「通い」・「泊まり」・「訪問」のすべてのサービスをこなせるスタッフを確保することがむずかしく、介護報酬がひくいこともあって事業自体がひろがっていない。認知症対応型共同生活介護（グループホーム）は、9人程度を一つのユニットとして、原則として認知症の高齢者が共同で生活する小規模な施設で、全室が個室となっているが、高齢者が職員と一緒に自炊し、家庭的な雰囲気のなかで認知症の進行を緩和させることが目的とされている。しかし、入所時には何とか身の回りのことができた高齢者でも数年後に身体機能が低下して、要介護度が重くなり、退所を余儀なくされることもおおいことが指摘されている。

<地域密着型サービス>

名　称	内　容
夜間対応型訪問介護	夜間の定期的な巡回訪問または通報をうけ、居宅において介護福祉士などによりおこなわれる介護や日常生活上の世話
認知症対応型通所介護（デイサービス）	認知症者をデイサービスセンターに通わせておこなわれる入浴・排せつ・食事などの介護や日常生活の世話、機能訓練
小規模多機能型居宅介護	利用者の選択にもとづき、居宅、サービス拠点、または短期間宿泊でおこなわれる入浴・排せつ・食事などの介護や日常生活上の世話、機能訓練
認知症対応型共同生活介護（グループホーム）	認知症者にたいし、共同生活をいとなむべき住居（グループホーム）においておこなわれる入浴・排せつ・食事などの介護や日常生活上の世話、機能訓練
地域密着型特定施設入所者生活介護	有料老人ホームなどの特定施設（入所定員29人以下）の入居者にたいしておこなわれる入浴・排せつ・食事などの介護や日常生活上の世話、機能訓練、療養上の世話
地域密着型介護老人福祉施設入所者生活介護（小規模特養）	特別養護老人ホーム（入所定員29人以下）の入所者にたいしておこなわれる入浴・排せつ・食事などの介護や日常生活上の世話、機能訓練、健康管理、療養上の世話

　ウ　保険給付の支給額

　保険給付は、無制限におこなわれるものではない。居宅サービスについては、相互に代替性のあるサービスについては一つの区分にまとめ、要介護度におうじて、標準的なサービス例や介護報酬などを勘案して、支給限度基準額が設けられている（巻末資料参照）。福祉用具販売および住宅改修については、別に限度額が設けられている。この限度額をこえたサービス費用は、全額が利用者負担となる。次に、居宅療養管理指導など代替性のないサービスについては、介護報酬の算定方法により、保険給付がおこなわれる。

　施設サービスについては、3施設別に要介護度（要介護1～5）におうじて、また地域密着型サービスについてはそれぞれのサービスごとに、保険給付が設定されている。

⑥　上乗せ・横出しサービス

　市町村は、上述の法定給付のほか、条例にさだめて、横出しサービスとして市町村特別給付、上乗せサービスとして支給限度額の増額を実施することができる。

　市町村特別給付は、おむつ支給、配食サービスなどの法定給付対象外の介護サービスを市町村が独自に介護保険サービスにくわえるものである（介護保険法62条）。

　支給限度額の増額は、居宅介護サービス費等区分支給限度基準額、居宅介護福祉用具購入費支給限度基準額および居宅介護住宅改修費支給限度基準額の額をこえる額を支給するものである（介護保険法43条3項・44条6項・45条6項）。

　これらの費用の財源は第1号被保険者の保険料で賄うことから、そのための保険料の上乗せも必要となる。横出しサービスについては、介護保険外の一般施策として実施している例がおおい。

<上乗せ・横出しの関係>

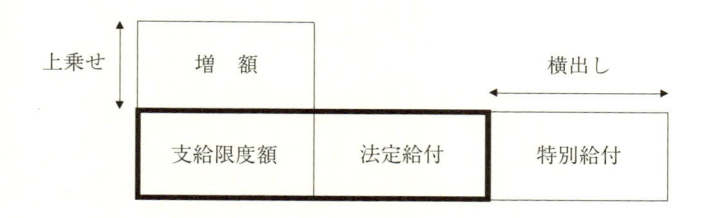

上乗せ	増　額		横出し
	支給限度額	法定給付	特別給付

▶▶▶ (4)　介護保険の利用手続

◆認定申請→◆認定調査・主治医の意見書→◆一次判定（コンピュータ）→◆二次判定（認定審査会）→◆認定・認定通知→◆ケアプランの作成・届け出→◆利用契約・利用→◆利用者負担の支払い→◆サービス費用の請求・受領

① 認定申請

　被保険者（家族・成年後見人・民生委員・地域包括支援センターなどの代行可）は、保険給付の対象サービスを利用する前提として、要介護・要支援認定をうける必要があり、そのために住所地の市町村に認定申請をおこなう。

　要介護認定には、有効期限があり、継続してサービスをうけるには認定の更新が必要である。また、有効期間の途中で状態の変化があれば変更申請をおこなうことができる。

② 認定調査・主治医意見書

　認定の申請をうけた市町村の職員は、申請者宅を訪問し、申請者の心身の状況や家族状況・居住環境などについて所定の認定調査票にもとづいて聞き取り調査をおこなう。また、市町村は、申請者の主治医から、疾病・負傷の状況などについて所定の主治医意見書により医学的な意見を求める。

③ 審査・判定

　市町村は、認定調査票および主治医意見書をもとに、コンピュータ処理による一次判定をおこなう。次に、一次判定の結果および主治医意見書にもとづいて介護認定審査会が審査し、二次判定をおこなう。介護認定審査会は、市町村が設置し、審査会委員には保健・医療・福祉に関する学識経験者のなかから市町村長が任命する。委員の定数は、条例でさだめられる。介護認定審査会は、おおむね3人から5人の委員で構成される合議体にわかれて、審査判定をおこなう。審査判定の結果は、市町村へ通知されるが、通知には要介護状態の軽減・悪化の防止のために必要な療養に関することやサービスの適切・有効な利用などについて留意すべきことについて意見をつけることができる。

<審査判定事項>
● 要介護状態・要支援状態に該当するか否か（該当または非該当）。
● 要介護・要支援状態区分のどこに該当するのか（要介護度）。
● 特定疾病よるものか否か（第2号被保険者）。
● 状態の維持・改善可能性

④　認定・認定通知

　市町村は、介護認定審査会からその審査判定の結果の通知をうけると、その結果にもとづいて認定をおこない、その認定の内容を申請者に通知する。

⑤　ケアプランの作成

　要介護の認定通知をうけた被保険者は、居宅サービスの場合には居宅介護支援事業所と契約をむすんで、ケアプラン（居宅介護サービス計画）の作成を依頼する（本人の作成も可）。要支援の認定をうけた被保険者については、地域包括支援センターにおいてケアプラン（介護予防サービス計画）が作成される。ケアプランには、要介護者・要支援者の心身の状況・おかれている環境、本人およびその家族の希望などを考えあわせて、利用するサービスなどの種類・内容・担当者、利用者の健康上・生活上の問題点・解決すべき課題、サービスなどの目標・達成時期などがさだめられる。

　なお、施設サービスの場合には、施設において施設サービス計画が作成される。

　介護保険制度は、福祉分野において初めて本格的なケアマネジメントを「居宅介護支援」としてとりいれた。居宅介護支援（ケアマネジメント）では、居宅の要介護・要支援者の依頼をうけて、居宅サービスなどを適切に利用できるよう、居宅サービス計画（ケアプラン）を作成し、この計画にもとづくサービスなどの提供が確保されるよう、事業者その他の者との連絡調整をおこない、介護保険施設に入所を必要とする場合には介護保健施設への紹介などをおこなう。

　介護保険のサービスの内容・効果やケアプランづくりなどについては専門的な知識・技術を必要とすることから、ケアマネジメントが導入されており、その利用を奨励する意味から居宅介護支援については全額が保険給付され、利用者負担はない。

　居宅介護支援（ケアマネジメント）の中心的な担い手が介護支援専門員

■介護支援専門員の資格■
　介護支援専門員の資格は、介護支援専門員実務講習の修了者にあたえられる。この実務講習を受講するためには、一定期間の保健・医療・福祉分野で実務経験をもっている者で介護支援専門員実務講習受講者試験に合格しなければならない。実務講習修了者は、都道府県知事の登録をうけ、申請によって介護支援専門員証が交付される。

（ケアマネジャー）である。介護支援専門員の資格は、要介護・要支援者が自立した日常生活をいとなむのに必要な援助に関する専門的知識・技術を有する者とされている。介護支援専門員（ケアマネジャー）には、その職務の独立性が求められるが、現実には、居宅事業者からの囲い込みなどがおこなわれている。

⑥　サービスの利用

要介護・要支援者は、都道府県知事（地域密着型サービス事業所にあっては市町村長）の指定をうけた事業者・施設と利用契約をむすんで、サービスを利用する。サービスを利用した者は、利用者負担としてサービス費

■ケアマネジメントの過程■
基本的に次の４段階からなっている。
①　アセスメント（課題分析）…介護などを必要とする者がかかえている生活上の問題を把握し、解決すべき課題を明らかにする。
②　ケアプランの作成…課題解決の目標を設定し、その目標を達成するためのサービスの利用にかんする計画（ケアプラン）を作成する。
③　ケアプランの実施…計画（ケアプラン）にそって、適切なサービスを提供する。
④　モニタリングと再アセスメント…サービスの提供による利用者の心身の状況やニーズの変化などを把握し、必要におうじてケアプランの見直しをおこなう。

用の１割を事業者・施設に支払う。この定率の利用者負担は、サービスの利用におうじた応益負担の考え方にもとづいているが、下表のように所得におうじた上限額がさだめられており、これをこえた金額は高額サービス費として支給される。

なお、短期入所サービスの食費・滞在費、通所サービスの食費、地域密着型介護老人福祉施設入所者生活介護の食費・居住費、施設サービスの食費・居住費・日常生活費などは利用者の負担である。

＜利用者負担上限額＞

区　分	負担上限額（月額）
一般世帯	37,200 円
世帯全員が市町村民税非課税	24,600 円
生活保護受給者など	15,000 円

⑦ サービス費用の請求・受領

　事業者・施設は、サービスの提供に要した費用を請求し、支払をうける。介護保険制度では、利用者と事業者・施設との契約によりサービスが利用されることから、利用者が事業者・施設に費用を支払った場合に、利用者負担を除いた費用を保険給付として利用者に支給するという方法（償還払い方式）をとっている。しかし、前述したとおり、実際には、利用者の利便などを考慮して、本来であれば保険者から利用者に支払われるべき金額について利用者を代理して請求のあった事業者・施設にたいして支払うこと（代理受領方式）によって、医療保険と同様に原則として現物給付化されている。この代理受領方式により、利用者はサービス利用時に1割の利用者負担を支払えばよく、残りの9割の費用は事業者・施設が保険者である市町村（実際には市町村から委託をうけた国民健康保険団体連合会〔国保連〕）に請求し、審査・支払いをうけることになる。

▶▶▶ (5)　予防重視型システム

① 予防重視型システムへの転換

　2006年4月1日施行の改正介護保険法は、「持続可能な介護保険制度の構築」のために、従来の枠組みをおおきく変えるものであった。

　その柱として「介護予防」（※14）という理念が本格的に制度のなかに組みこまれた。人が適度の運動や日常的に体を動かすことは、廃用症候群ないし生活不活発病（日常的に体を動かす機会が減少すると身体機能が徐々に低下して足腰が弱くなる症状）の悪循環をさけるために効果的であることから、この「廃用症候群」「生活不活発病」をキーワードとして、予防重視型システムへの転換がはかられた。

　介護予防事業は、2005年度までは、主として老人保健制度の枠組みで実施されていたが、2006年度からは、次にのべる地域支援事業として、介護保険制度の枠組みで実施されることになった。だが、介護予防システムが介護保険制度に導入されたことで、軽度者を中心に財政負担を軽減する「効果」があったといえるが、社会保険は、被保険者のリスクにたいして機能していくものであるから、本来、本格的な介護予防サービスは保険原理には馴染まないものである。予防を中心としたサービスは、一般施策として税で賄うことを基本的にすべきであろう。

介護予防事業は、市町村の基本行政課題であるにもかかわらず、今回の改正でもタテ割行政の発想が強くでている。ここでは、市町村の一般行政水準が問われる。

② 地域支援事業
　地域支援事業は、市町村が実施主体で、被保険者が要支援・要介護の状態になることを予防するとともに、要介護状態になった場合でも、できる限り地域において自立した日常生活をいとなむことができるよう支援するための事業である。これには、義務的事業として、要支援者を対象とする予防給付と重なるものを除いた介護予防事業および包括的支援事業があり、任意事業として、保険給付の適正化事業、家族支援事業、成年後見制度利用支援事業などがある。
　このうち、介護予防事業に関しては、ターミナルケア患者や90歳以上高齢者にたいしても介護予防が必要なのかという疑問が出されている。また、厚生労働省は、特定高齢者を65歳以上人口の5％程度と見込んで、「特定高齢者の介護予防サービス」の展開を計画していたが、制度がスタートしてみると実際にはこの数値をおお幅に下まわっている。
　また、市町村は、地域支援事業のほかに「保健福祉事業」として、介護者の支援事業や被保険者の介護予防事業などをおこなえるとしているが（法115条の41）、法律にさだめる必要はないであろう。

※14　介護予防
　介護予防とは、要介護状態になることをできる限り防ぎ、また要介護状態になってもその状態を維持・改善することをいう。要介護状態は、生活機能（外出などの生活状況、歩行などの運動器機能、栄養状態、飲食などの口腔機能、閉じこもり、もの忘れ、気分の状態など）の低下している状態である。そこで、介護予防においては、生活機能面から、元気高齢者を対象とした一次予防（生活機能の維持・向上）、虚弱高齢者を対象とした二次予防（生活機能低下の早期発見・早期ケア）および要介護者を対象とした三次予防（要介護状態の改善・重度化の防止）の段階におうじた施策が重要である。

＜義務的事業＞

区分	施策・事業名	施策・事業内容
介護予防事業	特定高齢者施策（ハイリスク・アプローチ）	虚弱高齢者を対象に介護予防プラン（包括支援センター保健師などが作成）にもとづく運動器の機能向上、栄養改善、閉じこもり予防など
	一般高齢者施策（ポピュレーション・アプローチ）	全高齢者を対象に介護予防に関する知識の普及や地域における自主的な介護予防の活動の支援など
包括的支援事業	介護予防マネジメント事業	被保険者の心身、環境その他の状況におうじ、その選択にもとづき、介護予防事業その他の事業が包括的・効率的に提供されるよう必要な援助（アセスメント、プラン作成、事業実施、サービス調整、評価など）
	総合的支援事業	地域の高齢者の実態把握、保健医療・公衆衛生・社会福祉その他関連施策に関する総合的な情報の提供、関係機関との連絡調整など
	権利擁護事業	被保険者にたいする虐待の防止およびその早期発見のための事業その他被保険者の権利擁護のため必要な援助
	包括的・継続的マネジメント支援事業	日常的個別相談・指導、支援困難事例に関するケアマネジャーへの助言、地域のケアマネジャーのネットワークづくりなど

③ 地域包括支援センター

　地域包括支援センターは、高齢者が住みなれた地域で生活を継続できるよう、高齢者の多様なニーズ・相談におうじ、介護予防など必要なサービスの調整・援助を包括的・継続的におこなう地域の中核機関である。地域包括支援センターには、主任ケアマネジャー、保健師・経験のある看護師、社会福祉士などの専門職が配置され、その専門的な知識や技術を互いにいかしながら高齢者への総合的な支援をおこなって在宅生活をささえることが期待されている。
　包括支援センターの基本的機能は、上述の地域支援事業のうちの包括的支援事

業をおこなうことであり、介護予防マネジメントについては、保健師・経験のある看護師が、総合相談支援および権利擁護については社会福祉士が、包括的・継続的マネジメント支援については主任ケアマネジャーが主な担当者となっている。だが、現実には、地域包括支援センターでは、給付管理やケアプラン作成など事務的作業におわれ、その本来の機能が十分に発揮できない悩みをかかえている。

なお、市町村は、地域包括支援センターの公正・中立な運営を確保するために、地域包括支援センター運営協議会を設置し、その運営に関与させることになっている。

④　日常生活圏

市町村は、その区域をわけて生活圏域（おおむね人口2万～3万）を設定することとされている。これによって、高齢者が身近でサービスをうけながら住みなれた地域で生活を継続できるよう、圏域内にサービス基盤を整備するとともに、圏域ごとまたは複数の圏域に地域包括支援センターを1か所ずつ設置することとされている。生活圏域は、地理的条件、人口、交通事情、サービス基盤の整備状況など総合的に勘案して、保険者ごとにきめられる。

▶▶▶　(6)　介護保険の財源

① 　財源の負担区分

介護保険の財源は、被保険者の保険料および公費（自治体・国の税で負担）によって賄われている。保険給付の費用は、利用者負担を除いて保険料および公費でそれぞれ2分の1ずつ負担している。公費負担では、介護保険施設および特定施設の給付費については、市町村12.5％、都道府県17.5％、国20％をそれぞれが負担し、その他の給付費については市町村・都道府県各12.5％、国25％を負担している。なお、国の負担分のうち5％は調整交付金として後期高齢者比率などの違いによる市町村間の保険料負担格差の調整財源にあてられる。2009年度からの保険料の第1号被保険者と第2号被保険者の負担割合は、前者が19％から20％に、後者が31％から30％に変わる。

<費用負担割合>

区　　分	公費（税）			保険料	
負担者	市町村	都道府県	国	第1号被保険者	第2号被保険者
施設等給付以外	12.5%	12.5%	20.0%＋5%	19%→20%	31%→30%
施設等給付	12.5%	17.5%	15.0%＋5%	19%→20%	31%→30%
計	50%			50%	

注：「施設等給付」は、介護保険施設および特定施設にかかる給付費をさす。また、→印は、2009年度からの変更を示す。

② 第1号被保険者の保険料

ア　保険料の設定

　第1号被保険者の保険料負担額は、所得段階別の定額保険料で、3年ごとに改定される。保険料率については、通常よるべき算定基準として、所得におうじて、「第1段階」から「第6段階」までの6段階になっているが、市町村は7段階以上にして高額所得者にはよりたかい負担割合を、低所得者にはよりひくい負担割合を設けることができる。2009年度からの第4期では、「第4段階」および「第5段階」の一部について、保険者の判断で新たな段階を設定できるとされている。

　保険料については、地域間でおおきな格差が生じている。

<全国平均保険料（月額）>
第1期（2000年度～2002年度）：2,911円→第2期（2003年度～2005年度）：3,293円→第3期（2006年度～2008年度）：4,090円→第4期（2009年度～2011年度）：約4,270円

（厚生労働省推計）

イ　保険料の納付

　年額18万円以上の年金受給者の保険料は、年金（老齢・障害・遺族の各年金）から天引きされ（特別徴収）、年金保険者から市町村に納付される。年額18万円未満の年金受給者などは、市町村から送付される納入通知書により納付する（普通徴収）。

　保険料の年金天引き制度は、効率的な徴収システムであるが、後期高齢者医療制度の保険料をあわせると、その負担が重いものになっている。

③　第2号被保険者の保険料

ア　保険料の納付

　被用者医療保険（健康保険・共済組合・船員保険）加入者の介護保険料は、医療保険ごとに設定されている介護保険料率にもとづき、標準報酬月額（給与）および標準賞与額（賞与）におうじてきめられる。この金額が医療分の保険料の額にくわえられて徴収される。介護保険料分についても、事業主負担がある（原則として労使折半）。

　国民健康保険加入者の介護保険料は、各市町村の国民健康保険料（税）の算定方法にもとづき、世帯ごとにきめられる。同じ世帯の第2号被保険者の医療保険分および介護保険分をあわせて、国民健康保険料（税）として世帯主が納める。介護保険料の半分は国庫負担である。

イ　介護給付費の納・交付

　医療保険者が徴収した介護保険料相当分は、社会保険診療報酬支払基金（診療報酬の審査・支払いをおこなう法人）に介護給付費納付金として納付され、支払基金から市町村に介護給付費交付金として交付される。

④　保険料の滞納

　保険料を滞納すると、期間をきめた納付の督促がおこなわれ、それでも納付がない場合には財産差押などの滞納処分がおこなわれる。また、1年以上滞納すると費用の全額を利用者が負担し、申請により後に保険給付分（9割）が支払われる。1年6か月以上滞納すると保険給付の一部または全部が一時的にさし止めとなる。さらに2年以上滞納すると利用負担が1割から3割にひき上げられ、また高額介護（介護予防）サービス費の支給の停止などがおこなわれる。

(7) サービス事業者・施設

① 事業者・施設の指定

　保険給付の対象となるサービスは、都道府県知事または市町村長の指定をうけた事業者・施設によるものでなければならない。都道府県知事は、居宅サービス事業者、介護予防サービス事業者、居宅介護支援事業者および介護保険施設について、市町村長は、地域密着型のサービス事業者について、それぞれ指定する。被保険者が保険給付をうけるには、これらの指定をうけた事業者・施設の指定をうけたサービスを利用しなければならない。

　都道府県知事または市町村長の指定をうけるためには、法人であること、従業員の知識・技術および人員が一定基準をみたしていること、所定の基準にしたがって適正な運営ができることなどの要件をそなえている必要がある。指定後に、基準違反などがあれば指定の取消しなどがおこなわれる。

　2006年施行の改正法では、「連座制」が導入され、一事業所の不正が発覚すると同一法人のすべての事業所が新たに指定更新できなくなる仕組みとなった。だが、不正をおこなった事業所の指定の取消処分は当然のこととしても、何ら不正にかかわりのない事業所が事業を継続できなくなることは利用者に不利益がおよび、さらには現場の介護従事者が働く場を失ってしまうことになりかねないので、連座制の適用は慎重にすべきである。

② 介護報酬

　介護報酬は、保険給付の対象となるサービス費用の額の算定基準であって、事業者・施設が利用者にサービスを提供した場合に、その対価として保険者・利用者に請求する費用の算定基準となるものである。介護報酬の額は、厚生労働大臣が介護サービスの種類ごとに、事業所・施設の所在地域などを考慮し、サービスの内容や要介護度も勘案して、サービス提供に要する平均的な費用の額にもとづいてきめる。介護報酬は、単位数×地域別単価で計算される。地域別単価は、1単位当たり10円を標準として、都市部などで加算がおこなわれる（10.60円など）。

　介護保険サービスの費用は、介護報酬によってきまる「公定価格」であり、「介護の値段の体系」である。介護報酬は、制度導入後の度重なるマイナス改定によっ

て介護現場の労働者の賃金は下がり、離職者がふえつづけ、介護人材不足が深刻化している。制度設計の失敗もあって、このままでは介護現場は崩壊してしまう。賃金、労働時間などの待遇改善や研修の充実によって介護労働従事者の確保が緊急課題である。

▶▶▶ (8) 介護保険事業計画

① 介護保険事業計画

　市町村は、厚生労働大臣がさだめる基本指針にそくして、3年を1期とする介護保険事業にかかる保険給付の円滑な実施に関する計画（介護保険事業計画）を策定しなければならない。基本指針には、保険給付対象サービスの提供体制のナショナル・ミニマムの確保、市町村介護保険事業でさだめるべき介護サービス見込量の参酌標準などがさだめられている。

　介護保険事業計画は、保険給付の対象となるサービスの水準（確保・提供すべきサービス量）をしめし、また保険料の算定の基礎となるなど介護保険事業運営の基本となるものである。介護保険事業計画の策定にあたっては、要介護者などの人数やサービスの利用意向などの事情を考慮するとともに、被保険者の意見を反映して策定されなければならない。また、介護保険事業計画は、老人福祉計画と一体のものとして作成され、地域福祉計画などと調和がたもたれたものでなければならないとされているが、自治体の長期・総合計画と整合性をはかることが重視されなければならない。

　介護保険事業計画には、次の事項がもり込まれている。
1) 各事業年度における保険給付の対象サービスについて種類ごとの量の見込み
2) 保険給付の対象サービス見込量を確保するための方策
3) 事業者間における連携の確保その他保険給付の対象サービスを円滑に提供するための事業に関すること
4) その他保険事業を円滑に実施するために市町村が必要と認めること

　これまでに、介護保険事業計画は、3期（第1期：2000年度～2002年度→第2期：2003年度～2005年度→第3期：2006年度～2008年度）にわたって策定・実施されてき

たが、サービス量の増大とそれにともなう保険料の引きあげがおこなわれてきている。2009年度からは、第4期計画（2009年度〜2011年度）が策定・実施され、第5期計画（2012年度〜2014年度）につづくが、第3期以降の計画は2015年の高齢社会像（※15）を見据えたものとされている。

② 介護保険事業支援計画

都道府県は、厚生労働大臣がさだめる基本指針にそくして、3年を1期とし、各年度の介護保険施設の必要入所定員総数、介護保険施設の整備、介護サービス従事者の確保・資質向上の事業などに関する介護保険事業支援計画を策定する。

▶▶▶ (9) 権利保護

① 苦情の申出

ア　国民健康保険団体連合会

国民健康保険団体連合会（国保連）は、指定サービスなどの質に関する調査をおこない、事業者・施設にたいして必要な指導・助言をおこなうことができる。これがオンブズ機能（※16）といわれるもので、国保連では、次の場合の苦情をあつかう。

※15　2015年の高齢社会像
　2015年には、いわゆる団塊の世代の人たち（1947年〜1949年生まれ）が65歳に到達することによる高齢者人口の増加、ひとり暮らし高齢者・高齢者のみ世帯の増加および認知症高齢者の増加が顕著になるとの予測が確実視されている。

※16　オンブズ
　一般に、オンブズマンまたはオンブズパーソンといわれている。これは、スウェーデン語の「オンブード」（護民官）が語源で、本来、高い権威をもった機関（独人制）で、中立的立場から市民の行政に関する苦情をうけつけて、調査し、救済の勧告をするとともに、独自に行政のあり方を調査する権限をもっている。議会に設置される場合もあるが、日本の自治体では、執行機関の附属機関として設置されている。
　また、市民が主体となって「市民オンブズ」や「福祉オンブズ」の活動がおこなわれている。

1) 申出人が直接に国保連に苦情の申出をした場合
2) 市町村において解決できない苦情である場合

イ　市町村
市町村の苦情対応に関する役割と権限には次のものがある。
1) 利用者およびその家族などからの相談・苦情への適切・迅速な対応
2) 利用者などからの苦情に関する事業者などにたいする調査の実施および指導・助言
3) 指定居宅サービス事業者などの指定基準違反について都道府県への通知
4) 地域密着型のサービス事業者の指導・監督

ウ　事業者・施設
事業者・施設は、サービス提供者として、第一次的に苦情に対応しなければならない。事業者・施設の苦情対応には次のものがある。
1) 利用者などからの苦情にたいする迅速かつ適切な対応
2) 市町村および国保連の調査への協力および指導・助言などにもとづく改善
3) みずからが提供するサービスの質の評価

② 審査請求
　保険者である市町村がおこなった保険給付などに関する行政処分にたいして不服がある場合には、都道府県におかれている介護保険審査会に審査請求をすることができる。
　介護保険審査会は、審査請求の審理・裁決をおこなう専門の第三者機関として、被保険者代表委員3人、市町村代表委員3人および公益代表委員3人以上（条例でさだめる）で組織されている。
　処分の取消しの訴えは、当該処分についての審査請求にたいする裁決をへた後でなければできない。
　介護保険審査会への審査請求の対象となる処分には、次のようなものがある。
1) 要介護・要支援認定などの保険給付に関する処分
2) 保険料その他徴収金に関する処分

第4章　子ども家庭福祉政策

【要　点】

1)　少子化による人口減少は、住宅、通勤、受験などでゆとりをもたらすことからの歓迎論がある。だが、急激な現役世代を中心とした人口減少は、社会保障負担、労働力人口、経済活力などの社会経済面に深刻な問題をもたらす。さらに、少子社会では、子ども自身の問題として子ども同士の接触の機会や交流がすくなくなって、子どもに社会性が欠ける原因となり、また情緒安定や人格形成を阻害する要因ともなる。

2)　今日の都市型社会においては、かつての農村型社会と異なり、虐待、いじめ、不登校のほかに、薬物使用、自殺、殺傷など非行・犯罪など深刻な問題も発生しており、こどもの環境整備が緊急課題である。

3)　少子化の要因は、晩婚化・非婚化だけでなく、「夫婦の出生力の低下」にもある。そこで、何よりも、結婚したい人が結婚でき、子どもを欲しい人が、安心して子どもを生み・育てられる環境をととのえることが重要であり、とくに出産した女性の育児と仕事の両立のための施策が必要不可欠である。

4)　都市型社会の特性として、生涯未婚の男女もふえ、離婚についても一般化している。そのようななかで、個人の選択と決定にもとづく自立した多様な生き方が尊重され、離婚・再婚、婚外子、ひとり親家庭を普通の存在とみなすような意識の改革が必要である。

5)　ひとり親家庭においては、生計を維持するための経済問題と家事・育児などの問題をかかえ、精神的に不安定な状態におちいっている場合もおおい。この分野における施策の整備も求められている。

1　子どもと子ども福祉の原理

　児童福祉法（以下本章では「法」という）は、子どもの福祉に関する基本的・総合的な法律で、子ども福祉関連法で一般法の性格をもっている。本法には、主要な子ども福祉施策がさだめられている。

▶▶▶（1）　子どもの定義

　「児童」とは、満18歳にみたない者をいい、これをさらに「乳児」（満1歳にみたない者）、「幼児」（満1歳から小学校就学の始期に達するまでの者）および「少年」（小学校就学の始期から満18歳に達するまでの者）に分けている（法4条1項）。このうち乳児と幼児をあわせ「乳幼児」とよんでいる。なお、本書では、原則として「子ども」とする。

▶▶▶（2）　子ども福祉の原理

　次にあげる子ども福祉の理念および子どもの育成責任は、子どもの福祉を保障するための原理である。この原理は、すべての子どもに関する法令の施行にあたり、つねに尊重されなければならない（法1条〜3条）。
　1）　すべて国民は、子どもが心身ともに健やかに生まれ、かつ、育成されるよう努めなければならない。
　2）　すべての子どもは、ひとしく

■児童・少年の定義■
　児童福祉法以外の「児童」の定義は、母子及び寡婦福祉法などでは「20歳に満たない者」をいい（6条2項）、学校教育法では小学校に就学している者をさしている（同法12条・26条など）。また、「少年」について、少年法では20歳に満たない者とされている（同法2条）。
　このように、法制度の目的により定義が異なることに留意する必要がある。

その生活を保障され、愛護されなければならない。
3) 自治体・国は、子どもの保護者とともに、子どもを心身ともに健やかに育成する責任をおう。

　子どもは、心身の両面で未成熟であることから、一方的な保護の対象者とされがちであるが、一個の独立した人格をもった人間であり、人権の主体者として明確に位置づけられなければならない。遅ればせながら、1994年に、日本が批准した「児童の権利に関する条約」（※17）は、子どもを生存（生きる権利）、保護（守られる権利）、発達（育つ権利）および意見表明（参加する権利）の権利主体とし、子どもにかかわる政策は、子どもの「最善の利益」を最優先すべきものとしている。

2　子育て・子育ち施策

　日本の子育て施策は、両親の共働きなどにより「保育に欠ける」子どもを保育所において保育することを中心におこなわれてきている。すなわち、市町村は、保護者の労働などにより、その監護すべき乳幼児の保育に欠けるところがある場合

※17　児童の権利に関する条約
　一般に「子どもの権利条約」いわれており、国際連合が1989年に採択し、翌年に発効した子どもの権利に関する総合的条約である。その内容は、子どもの最善の利益を最優先し、子どもの生存・保護・発達の保障、子どもの意見表明権などで子どもを権利行使の主体としたことで画期的なものとなっている。日本は、この条約を1994年にようやく批准し、世界では158番目の締約国となった。
※18　待機児童
　待機児童とは、保育所入所申込書が市町村に提出され、かつ、入所要件に該当するものであって、現に保育所に入所していない児童をいう。ただし、厚生労働省のさだめる待機児童の定義では、この要件に該当するもののうち、家庭福祉員（保育ママ）、保育室、認証保育所などの自治体単独事業により保育をうけているものおよび他に入所可能な保育所があるにもかかわらず、特定の保育所を希望し保護者の私的な理由で待機しているものはふくまないこととしている。

において、保護者から申込みがあったときは、それらの児童を保育所において保育しなければならない（法24条1項本文）。ところが、都市型社会では、核家族や夫婦共働き家庭の増大などにより、保育所へ入所を希望する者がふえつづけているにもかかわらず、公立や認可保育所の増設がこれに追いついていない。そのため、いわゆる待機児童（※18）が多数にのぼる。

そこで、自治体では、保育所の補完ないし代替として、家庭的保育事業（保育ママ）の導入や無認可の民間保育所への運営費助成をおこない、また認可幼稚園の保育時間終了後に預り保育に取り組んできている。

近年になって文部科学省と厚生労働省の省庁タテ割のカベをこえた取り組みがはじまり、2006年に幼稚園と保育園を一体化した総合施設として、「認定こども園」が創設された。

また、2008年には、「家庭的保育事業」が法定化された。

以下でのべる保育事業は、いずれも子育て施策であるとともに、子育ち施策でもある。

<保育事業の形態>

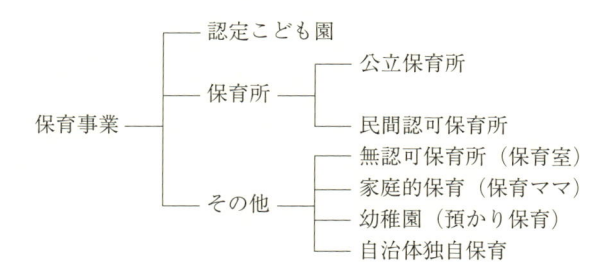

```
                   ┌─ 認定こども園
                   │              ┌─ 公立保育所
                   ├─ 保育所 ─────┤
                   │              └─ 民間認可保育所
保育事業 ──────────┤
                   │              ┌─ 無認可保育所（保育室）
                   │              ├─ 家庭的保育（保育ママ）
                   └─ その他 ─────┤
                                  ├─ 幼稚園（預かり保育）
                                  └─ 自治体独自保育
```

▶▶▶ (1) 認定こども園

幼稚園は、学校教育法にもとづき、小学校就学前の3歳児以上の幼児を幼稚園教諭（教員免許状取得者）が教育する教育機関で、文部科学省の所管である。一方、保育所は、児童福祉法にもとづき、保育に欠ける0歳から小学校就学前の乳幼児

を保育士(保育士資格取得者)が保育する児童福祉施設で、厚生労働省の所管である。このように、幼稚園と保育所とは、機能・目的が異なるものとして、二元的に制度化された省庁タテ割行政の典型である。

ところで、小学校就学前の3歳児以上の幼児には、保育とともに、小学校入学にそなえて教育も必要となる。そのこともあって、幼稚園と保育園の一元化(幼保一元化)がさけばれて久しいが、省庁タテ割りによって阻まれてきた。

認定こども園は、幼稚園・保育所などにおける小学校就学前の子どもにたいする教育・保育と保護者にたいする子育て支援を総合的に提供する施設で、2006年10月1日から施行の「就学前の子どもに関する教育、保育等の総合的な提供の推進に関する法律」(認定こども園法)にもとづき、設置される。認定こども園は、従来の幼稚園制度と保育所制度をのこしながら、新たな就学前乳幼児の保育・教育制度として発足したものである。すなわち、従来の幼稚園と保育所の二元制をかえることなく、新たに第三の制度を設けたもので、幼稚園と保育所の制度・機能などのすべてを統一・一元化する「幼保一元化」ではなく、幼稚園と保育所の制度はそのままのこるので「幼保一体化」といわれている。

幼稚園・保育所などの設置者は、都道府県知事に申請して、その認定をうけて「認定こども園」を設置することができる。

認定こども園への入園手続は、保護者と設置者との直接契約であり、保育料は設置者が設定する。

認定こども園は、次の2つの機能をもっている。
1) 0歳から小学校就学前までの子どもを対象に保護者の就労の有無にかかわらず、すべての乳幼児をうけいれて、幼児教育・保育を提供する。

> ■認可・認定・認証■
> 認可とは、公の機関の同意をえなければ有効に成立しないとされている法律上の行為について、その効力を完成させるためにおこなう同意のことをいう。認可の申請があって、当事者が必要とする要件を満たしていると認めれば認可をおこなう。一般的に禁止されている法律上の行為を解除する「許可」と区別される。認定とは、ある事実または法律関係の存否を公の機関が確認することをいい、認証とは、ある行為または文書が正当な手続・方式にしたがってなされたことを公の機関が確認・証明することをいう。

2) 地域のすべての子育て家庭を対象に子育て支援をおこなう（子育て相談、親子「集いの広場」の開催、育児情報の提供など）。

認定こども園は、幼稚園と保育所の連携や機能拡大などにより、幼保連携型、幼稚園型、保育所型および地方裁量型の4類型に分かれる。

<認定こども園の類型>

幼保連携型	認可幼稚園と認可保育所の一体的運営 （幼稚園＋保育所）	認可幼稚園が保育に欠ける子もの保育を実施 （幼稚園＋保育所機能）	幼稚園型
保育所型	認可保育所が保育に欠ける子も以外の子どもを受け入れ （保育所＋幼稚園機能）	認可外の幼稚園・保育施設が教育・保育を実施 （幼稚園機能＋保育所機能）	地方裁量型

▶▶▶ (2) 保育所

① 保育の実施

市町村は、保護者の労働や疾病その他の政令でさだめる基準にしたがい条例でさだめる事由により、その監護すべき乳幼児やとくに必要のあるその他の児童の保育に欠けるところがある場合において、保護者から申込みがあったときは、それらの児童を保育所において保育しなければならない。ただし、付近に保育所がないなどやむをえない事由があるときは、その他の適切な保護をしなければならない（法24条1項）。このただし書きは、後述のように2008年に改正された。

政令でさだめる基準として、保育の実施は、児童の保護者のいずれもが次の各号のいずれかに該当することにより児童を保育することができないと認められる場合であって、かつ、同居の親族その他の者が当該児童を保育することができないと認められる場合におこなうこととされている（法施行令27条）。

1) 昼間労働することを常態としていること。
2) 妊娠中または出産後間がないこと。
3) 疾病・負傷または精神・身体に障害を有していること。

4) 同居の親族を常時介護していること。
5) 震災・風水害・火災その他の災害の復旧にあたっていること。
6) 1) から 5) に類する状態にあること。

② 保育所への入所
　保育所は、日々保護者の委託をうけて、保育に欠ける乳児・幼児を保育する施設である（法39条）。これには、自治体が都道府県知事に届け出て設置する公立保育所と社会福祉法人など自治体以外の者が都道府県知事の認可をうけて設置する認可保育所とがある（保育所数等⇒巻末資料参照）。
　保育所は、子どもが他の同年齢・異年齢の子どもや保育士などとのふれあいのなかで、社会性を身につけ、子ども自身の成長の場となっていることを重視したい。だが、保育所については、希望者の全員入所、保育時間の延長、休日の保育、一時保育、障害児の受けいれ、地域開放など課題も山積している。また、保育ニーズが増大しているなかで、保育の質とコストの両面から直営方式から民営方式への転換が求められている。
　保育所への入所は、次のような手続によっておこなわれる。
1) 市町村は、保育に欠ける児童の保護者からの申込みがあったときは、それらの児童を保育所において保育しなければならない。
2) 保育の実施を希望する保護者は、希望する保育所などを記載した申込書を市町村に提出する。
3) 市町村は、一つの保育所について、定員をこえるなど申込児童のすべてが入所すると適切な保育の実施が困難となるような場合には、入所児童を公正な方法で選考できる。
4) 市町村は、保育の実施を決定した児童ごとに「保育児童台帳」を作成し、保護者にたいして「保育所入所承諾書」を交付する。保育の実施をおこなわない場合には、保護者に「保育所入所不承諾通知書」を交付し、入所を認められない旨およびその理由などを通知する。
　また、市町村は、保護者の保育所の選択と保育所の適正な運営を確保するため、その区域内における保育所の設置者、設備および運営の状況などに関する情報の提供をおこなわなければならない。

このように保育所への入所は、保護者の「申込み」にたいする市町村の「承諾」という両者の合意によるものであるから、法的には保護者と市町村との「契約」にもとづくものである（行政との契約方式）。この契約方式は、1998年からそれまでの市町村による「保育の措置」から「保育の実施」に変わっておこなわれるようになった。

　ところで、地域によっては保育所の入所希望者が定員をこえるために入所できないいわゆる待機児童が出ている。そこで、保育需要が増大している市町村は、公有財産の貸付けなどを積極的におこなうことにより、社会福祉法人など多様な事業者の能力を活用した保育所の設置・運営を促進すべきものとされ、また、保育事業の供給体制の確保に関する計画（市町村保育計画）をさだめるものとされて、保育所数および定員はふえている。だが、それ以上に父母の就労などから保育所の入所希望者がふえ、待機児童は減っていない。

　保育所制度をめぐっては、次のような重要課題がある。
1) 保育所の入所基準である「保育に欠ける」（法24条1項）要件を見直し、保育所利用の必要性や優先度の判断などに関する新たな仕組みの導入（要保育認定）
2) 利用者みずからが保育所に直接申し込んで契約をむすぶ直接契約方式の導入
3) 現行の保育所への公的補助（機関補助）を保育の必要度におうじたバウチャー方式（利用券の支給）などにより子育て世帯に配分する直接補助方式への転換
4) 認定こども園への補助金の一本化などによる運用の改善をはかりつつ、真の幼保一元にむけた制度の見直し

▶▶ (3) 保育所以外の保育

① 家庭的保育事業

　家庭的保育事業は、従来、家庭福祉員・家庭保育員・保育ママなどとして自治体がおこなってきた家庭的保育制度を2008年の児童福祉法の改正により法制化したものである（2010年4月1日施行）。この改正で、市町村は、「保育に対する需要

の増大、児童の数の減少等やむを得ない事由があるときは、<u>家庭的保育事業による保育を行なうこと</u>その他の適切な保護をしなければならない。」(法24条ただし書き。下線部分の改正)とされた。家庭的保育事業では、家庭的保育者(保育ママ)の居宅など家庭的環境のもとで保育がおこなわれる。

② 無認可保育所

　法令にさだめる施設・設備・職員数などの基準をみたせないため、無認可で経営している保育所として個人経営の保育室などがある。無認可保育所は、認可保育所にはいりきれない乳幼児をうけいれるなどして、比較的少人数で家庭的環境のもとで保育をおこなっている。とくに都市部においては、待機児童の解消策としても重要な役割をはたしている。自治体によっては独自の基準をもうけて、補助などをおこなっているが、きびしい経営のもとにおかれている。

③ 幼稚園の預り保育

　幼稚園は、日本のタテ割行政のなかで、教育機関である学校のひとつであるが、2000年度からようやく幼稚園教育要領(文部科学省告示)で「預り保育」の実施が認められるようになった。預り保育では、保護者が就労などで家庭において保育することが困難な場合に、幼稚園の保育時間終了後に一定の時間まで子どもを預かり、保育をおこなっている。幼稚園では、定員割れになっているところもあり、前述の認定こども園への転換もおこなわれている。

④ 自治体の独自保育

　たとえば、東京都では、大都市の特性に着目した独自の基準により認証する保育制度(認証保育所)を導入している。この制度の特色は、利用者と施設との直接契約方式、民間企業など多様な設置主体、全施設で0歳児からの保育・13時間の開所、認可保育所の施設基準・職員の配置基準の緩和などである。認証保育所には、東京都および市区町村から運営費などの補助がおこなわれる。

(4) 子ども家庭支援センター

　子ども（児童）家庭支援センターは、地域の子どもの福祉に関する各般の問題につき、子ども・家庭・地域の人びとなどからの相談におうじ、必要な助言や要保護児童・その保護者の指導をおこない、あわせて児童相談所、児童福祉施設（※19）などとの連絡調整その他の援助を総合的におこなう施設である（法44条の２）。設置・運営主体は、自治体、公益法人および社会福祉法人である。事業内容は、子育ての総合相談を中心にして、親子の遊びや交流、子育てグループなどの活動支援、子どもショートステイ、ひろば事業、講演会、育児講座などで自治体の創意・工夫によって多様な取り組みがおこなわれている。

　また、子ども家庭支援センターには、ファミリーサポートセンターがおかれていることもある。ファミリーサポートセンターは、地域において仕事と子育ての両立をサポートするために、育児の援助をうける人（依頼会員）と育児の援助をおこなう人（提供会員）が会員となって助けあう有償の会員組織である。

　ファミリーサポートセンターは、市町村が設置・運営するが、センターにはアドバイザーがおかれて、依頼会員の援助の申しいれをうけ、提供会員に打診し、援助がおこなわれると依頼会員は報酬を支払うという仕組みになっている。ファミリーサポートセンターがおこなう援助活動には、保育所の開始前や終了後に子どもを預かること、保育所までの子どもの送迎、冠婚葬祭・行事・買い物などの際に子どもを預かることなどである。

※19　児童福祉施設
　児童福祉施設には、次のものがある（児童福祉法７条１項）。
①助産施設　②乳児院　③母子生活支援施設　④保育所　⑤児童厚生施設　⑥児童養護施設　⑦知的障害児施設　⑧知的障害児通園施設　⑨盲ろうあ児施設　⑩肢体不自由児施設　⑪重症心身障害児施設　⑫情緒障害児短期治療施設　⑬児童自立支援施設　⑭児童家庭支援センター

3　助産・手当

(1) 助産施設

　都道府県・市・福祉事務所設置町村は、その設置する福祉事務所の所管区域内における妊産婦が、保健上必要があるにもかかわらず、経済的理由により、入院助産をうけることができない場合において、その妊産婦から申込みがあったときは、その妊産婦にたいし助産施設において助産をおこなわなければならない。ただし、付近に助産施設がないなどやむを得ない事由があるときは、この限りでない（法22条）。

　助産施設は、保健上必要があるにもかかわらず、経済的理由により、入院助産をうけることができない妊産婦を入所させて、助産をうけさせる施設である。助産施設における助産を希望する妊産婦は、入所希望の助産施設などを記載した申込書を都道府県などに提出しなければならない。

　都道府県などは、妊産婦の助産施設の選択と助産施設の適切な運営を確保するため、所管区域内における助産施設の設置者、設備および運営などに関する情報の提供をおこなわなければならない。

(2) 子ども手当制度

① 児童手当

　児童手当制度は、児童を養育している者に手当を支給することにより家庭における生活の安定に寄与するとともに、次代の社会をになう児童の健全な育成および資質の向上に資することを目的としている。受給資格者は、12歳到達後の最初の3月31日までの間にある児童（小学校修了前の児童）を監護し、かつ、生計を同じくする父・母などであるが、一定額以上の所得があるときには支給されない。

　受給資格者は、児童手当の支給をうけるため、その受給資格および児童手当の

額について住所地の市町村長の認定をうけなければならない。市町村長は、認定をした受給資格者にたいし、児童手当を支給する。

　児童手当に要する費用の負担は、被用者にたいする場合には、事業主からの拠出金10分の7、国庫・都道府県・市町村がそれぞれ10分の1を負担し、被用者以外の場合には国庫・都道府県・市町村がそれぞれ3分の1を負担する。

　児童手当制度の目的からすれば、所得制限を緩和ないし撤廃し、金額についても国の負担をふやして大幅に増額すべきである（手当額⇒②をふくめて巻末資料参照）。

② 　児童扶養手当

　児童扶養手当は、父親の養育をうけられない母子家庭などの児童のために支給される。支給対象は、父母の離婚、父の死亡・生死不明などの要件に該当し、母または父母以外の者に養育されている児童のうち、18歳に到達した最初の3月31日までの間にある者である。児童手当と同時にうけることができる。

　手当をうける者は、支給対象児童を監護する母であるが、母がいないか母が監護しない場合には当該児童を養育する（児童と同居し生計を維持する）者である。

4　子どもの健全育成施策

(1)　放課後子どもプラン

　放課後子どもプランは、2007年度から、厚生労働省所管の「放課後児童健全育成事業」と文部科学省所管の「放課後子ども教室推進事業」を一体的あるいは連携して実施することになったものである。自治体においては、両事業の違いにこだわらず、所管部門を一つにするなどして、タテ割り・二重行政のムダを生じさせてはならない。

① 放課後児童健全育成事業（放課後学童クラブ）

　放課後児童健全育成事業（放課後学童クラブ）は、小学校に就学しているおおむね10歳未満で、その保護者が労働などにより昼間家庭にいない子どもに、授業の終了後に児童厚生施設などの施設を利用して適切なあそび・生活の場をあたえて、その健全な育成をはかる事業である（法6条の2第2項）。いわば「もうひとつの家」としての機能をもっている。

　両親の共働きがふえるなかで、学校から帰宅しても保護者が昼間家庭にいない小学校低学年の子どもの安全と健全なあそびを確保するための対策が課題であった。当初、この対策は、近隣地域で学童保育クラブなどの取り組みとしてはじまったが、市町村社会福祉協議会の事業にとりあげられるようになり、次第に市町村の事業とされ、都道府県や国の財政援助もおこなわれるようになった。そして、1998年に、父母などのつよい要望をうけて、児童福祉法の改正によって、「放課後児童健全育成事業」として法制化された。「放課後」となっているが、土曜日や夏休みなどの長期休業時にも利用できるようになっている。

　事業の名称は、国では「放課後学童クラブ」としているが、市町村においては、「学童保育」・「学童クラブ」の名称が一般的につかわれている。

　実施主体には、市町村以外に社会福祉法人や法人格をもたない父母会・運営委員会などの任意団体も参入できるようになり、地域の実情におうじた多様な事業展開がはかれるようになっている。本事業には、遊びを主とした子どもの健全育成にあたる指導員が配置されている。事業目的は、子どもの健康管理・安全確保・情緒の安定、遊びの活動への意欲・態度の形成、遊びをとおして自主性・社会性・創造性を育てることなどである。

　放課後学童クラブには、安心して通える場、家庭的な生活の場、事故やけがにたいする安全な場などの役割がもとめられるが、入所待機の子どもの増加、入所の子どもの増加による過密化・大規模化、施設の不備、指導員の確保・待遇などの課題をかかえている。

② 放課後子ども教室推進事業

　放課後子ども教室推進事業は、すべての子ども（主として小学生）を対象にして、安全・安心な活動拠点（居場所）を設け、地域の人たちの参加をえて、地域の実

情におうじたさまざまな取り組みを推進するものである。具体的には、放課後や週末などに、小学校の教室や校庭などを活用して、予習・復習・補習などの「学習」、スポーツ・文化活動などの「体験」、地域の大人や異年齢の子どもとの「交流」などがおこなわれる。この事業には、指導員として、コーデイネーター、安全管理員、学習アドバイザーなどが配置される。

(2) 児童館

児童館は、児童遊園などとともに子どもに健全な遊びをあたえて、その健康の増進と情操をゆたかにするための児童厚生施設の一つである。

児童館は、0歳から18歳までの子どもを対象にした多種多彩な事業の拠点となっている。

まず、さまざまな遊びがおこなわれている。遊びは、子どもの人格の発達をうながす上で欠かすことのできないもので、子どもは遊びをとおして自主性や社会性を身につけていく。また、就学している子どもの放課後における貴重な居場所ともなっていて、中学・高校生にとっては小学生向けの行事の企画・実行などでのボランティア活動のよき場所でもある。さらに、家庭・学校・児童相談所などと連携しながら子どもの自立を支援する活動もおこなわれ、育児不安の子育て中の母親を支援する午前中の幼児クラブも重要な事業としておこなわれている。

実施主体は、市町村が主となっているが、社会福祉法人などの民間団体によるものもおおい。

児童館の課題としては、利用時間の延長、学童保育との統合、魅力ある事業内容・運営方法などがある。

(3) 児童遊園

児童遊園は、児童館と同様の児童厚生施設のひとつであり、子どもに健全な遊びをあたえて、その健康の増進や情操をゆたかにすることを目的とする屋外型の施設である。児童遊園には、ひろば、ブランコ、砂場、すべり台などが設置され、子どもの遊びを指導する者（児童厚生員）が子どもの指導にあたることになって

いる。なお、類似施設に都市公園法に規定されている街区公園（旧称：児童公園）がある。

　以上の施策は、個々別々に理解すべきではなく、子どもの生活の地域ネットワークとして、自治体総合計画にはっきりと位置づけておくべきである。

5　保護を要する子ども施策

(1)　母子生活支援施設

　都道府県・市・福祉事務所設置町村は、それぞれの設置する福祉事務所の所管区域内における保護者が、配偶者のない女子またはこれに準ずる事情にある女子であって、その者の監護すべき子どもの福祉に欠けるところがある場合において、その保護者から申込みがあったときは、その保護者および子どもを母子生活支援施設において保護しなければならない。ただし、やむをえない事由があるときは、適当な施設への入所のあっせん、生活保護法の適用など適切な保護をくわえなければならない。母子生活支援施設は、配偶者のない女子またはこれに準ずる事情にある女子およびその監護すべき子どもを入所させ保護するとともに、これらの者の自立促進のためにその生活を支援し、あわせて退所した者の相談その他の援助をおこなう施設である（設置数⇒(2)(3)(4)をふくめて巻末資料参照）。母子生活支援施設における保護の実施の申し込みおよび母子生活支援施設に関する情報の提供については、前述の助産施設と同様である。

(2)　乳児院

　乳児院は、捨て子、虐待されている子どもなど家庭での養育が困難な乳児（とくに必要ある場合には幼児をふくむ）を入院させ、養育し、あわせて退院した者の相談その他の援助をおこなう施設である。

(3) 児童養護施設

　児童養護施設は、保護者のない子ども、虐待されている子どもその他環境上養護を要する子ども（とくに必要のある乳児以外の乳児をのぞく）を入所させて、養護し、あわせて退所した者の相談その他の自立の援助をおこなう施設である。

(4) 児童自立支援施設

　児童自立支援施設は、不良行為をなし、またはなすおそれのある子どもおよび家庭環境その他の環境上の理由により生活指導などを要する子どもを入所させ、または保護者のもとから通わせて、個々の子どもの状況におうじて必要な指導をおこない、その自立を支援し、あわせて退所した者の相談その他の援助をおこなう施設である。

(5) 里親制度

　里親制度は、保護者のない児童または保護者に監護させることが不適当であると認められる子ども（要保護児童）を都道府県・指定都市・児童相談所設置市が里親に委託する制度である。里親希望者は、児童相談所を経由して申請し、児童福祉審議会の審議をへたうえで、認定・登録をうけ、委託により要保護児童を養育する（里親数⇒巻末資料参照）。

　里親の種類には、養親里親、親族里親、短期里親および専門里親がある。

6 こども虐待の防止施策

(1) 虐待防止法の制定

　子どもにたいする虐待は、子どもの人権をいちじるしく侵害する行為であり、子どもの心身の成長および人格の形成に重大な影響をあたえる。子どもの健全な心身の成長と自立をうながすために、子どもにたいする虐待は許されないが、その件数はふえている（巻末資料参照）。そのため、2000年に「児童虐待の防止等に関する法律」（児童虐待防止法）が制定・施行され、その後、重要な改正がおこなわれている。何人も、子どもにたいし、虐待をしてはならず、また子どもの健全な成長のために良好な家庭的環境および近隣社会の連帯が求められていることに留意しなければならない。

(2) こども虐待の態様

　こども虐待とは、保護者（子どもを現に監護する者）がその監護する子ども（18歳未満の者）についておこなう次にかかげる行為である。

<子ども虐待の態様>

態　様	虐待行為の内容
身体的虐待	子どもの身体に外傷が生じ、または生じるおそれのある暴行をくわえること
監護放棄（ネグレクト）	子どもの心身の正常な発達を妨げるような減食・長時間の放置などの保護者としての監護をいちじるしく怠ること
心理的虐待	子どもにたいするいちじるしい暴言、拒絶的な対応、配偶者への暴力などの子どもにいちじるしい心理的外傷をあたえる言動をおこなうこと
性的虐待	子どもにわいせつな行為をすることまたは子どもにわいせつな行為をさせること

▶▶▶ (3) 子ども虐待への対応

① 早期発見と通告

　虐待は、子どもの命にかかわることもあり、早期発見・早期対応が何よりも重要である。

　まず、学校、児童福祉施設、病院など子どもの福祉に業務上関係ある団体や学校の教職員、児童福祉施設職員、医師など子どもの福祉に業務上関係のある者は、子ども虐待を発見しやすい立場にあることを自覚して、子ども虐待の早期発見に努めなければならない。また、これらの者は、虐待防止に関する自治体・国の施策に協力するよう努めなければならない。

　次に、虐待をうけたと思われる子どもを発見した者は、すみやかに、これを直接または児童委員を介して、市町村、都道府県設置の福祉事務所または児童相談所に通告しなければならない。なお、子ども虐待の通告をうけた市町村などの職員や仲介の児童委員は、その職務上知りえた事項で通告をした者を特定させるものを漏らしてはならない。

② 虐待された子どもの保護

　子ども虐待の通告をうけた市町村または福祉事務所の長は、必要におうじ近隣住民、学校教職員、児童福祉施設職員などの協力をえながら、当該の子どもとの面会などによりその安全の確認をおこなうとともに、必要におうじ当該の子どもを児童相談所に送致するなどの措置をとる。送致をうけた児童相談所の長は、必要におうじ近隣住民、学校教職員、児童福祉施設職員などの協力をえながら、当該の子どもとの面会などによりその安全の確認をおこなうとともに、必要におうじ一時保護をおこなう。

▶▶▶ (4) 自治体の役割

　自治体は、国とともに、子ども虐待を防止するために必要な体制の整備や子どもの人権、虐待の影響、通告義務などの広報に努め、虐待をうけた子どもの教育や自立支援のための施策を講じていかなければならない。

子ども虐待問題は、都道府県などに設置されている児童相談所が児童福祉司などの専門職を配置し、中心に取り扱っているが、市町村では、子ども家庭支援センターなどにおいて子ども虐待についても相談に応じることになっており、また、子どもを守る地域ネットワークとして「要保護児童対策地域協議会」の設置に努めるべきこととされている。さらに、保育所に入所する子どもを選考する場合には、子ども虐待の防止のため、特別の支援を要する家庭の福祉に配慮しなければならない。

7　ひとり親家庭福祉施策

(1)　ひとり親家庭福祉の理念

　ひとり親家庭（母子家庭・父子家庭）については、「母子及び寡婦福祉法」にもとづいて、母子・父子家庭および寡婦の生活の安定と向上のために、次にあげる理念にそって、必要な施策・事業を実施する（同法1・2条）。
1)　すべて母子・父子家庭には、子どもがそのおかれている環境にかかわらず、心身ともに健やかに育成されるために必要な諸条件と、その母・父の健康で文化的な生活とが保障されるものとする。
2)　寡婦には、母子・父子家庭の母・父に準じて健康で文化的な生活が保障されるものとする。

(2)　個別福祉施策

①　母子福祉資金の貸付け
　都道府県は、現に子どもを扶養している配偶者のない女子またはその扶養している子どもにたいし、事業の開始・継続に必要な資金、子どもの修学に必要な資金、事業の開始・就職に必要な知識技能の習得に必要な資金などを貸しつけることができる。これは、配偶者のない女子の経済的自立の助成と生活意欲の助長をはかり、あわせてその扶養している子どもの福祉を増進するための事業である。

② 日常生活支援

都道府県または市町村は、現に子どもを扶養している配偶者のない者が、疾病などの理由で日常生活などに支障を生じたと認められるときは、その居宅などにおいて乳幼児の保育・食事の世話・専門的知識をもっておこなう生活・生業の助言・指導などをおこなうことができる。

③ 特別配慮

市町村は、保育所に入所する乳幼児を選考する場合には、母子・父子家庭の福祉が増進されるように特別の配慮をしなければならない。

また、自治体は、公営住宅の供給をおこなう場合には、母子家庭の福祉が増進されるように特別の配慮をしなければならない。

④ 雇用の促進

自治体・国は、就職を希望する母子家庭の母・子どもの雇用促進をはかるため、事業主その他国民一般の理解をたかめるとともに、職業訓練の実施、就職のあっせん、公共的施設における雇いいれの促進などをおこなうように努めなければならない。

8　少子化対策

(1) 集中的な取り組み

国は、各種の少子化対策を講じてきたが、都市型社会の生活特性もあって一向に少子化に歯止めがかかっていない。そこで、集中的・計画的な取り組みを推進するために、「次世代育成支援対策推進法」を10年間の時限立法として制定し、2005年から施行している。だが、出産は個人の自由であるため、安易な政策化はさけるべきで、政策としては限界があることに留意する必要がある。

少子化対策は、国・自治体のみならず、事業主をふくめたものでなければ効果

をあげることができない。そこで、国は、少子化対策の全国基準となる指針を作成し、自治体および事業主は、次世代育成支援のための行動計画を策定し、推進することとされた。

　行動計画には、自治体行動計画および事業主行動計画がある。前者は、市町村・都道府県が策定するものであり、後者は、策定を大企業（301人以上）に義務づけ、中小企業（300人以下）に努力義務とした一般事業主行動計画と事業主としての国・自治体などが策定する特定事業主行動計画とに分れる。

(2) 自治体行動計画

　自治体は、2005年度から5年を1期とした次世代育成支援のための市町村行動計画・都道府県行動計画を策定・実施することとされた。当然のことながら、計画策定への市民参加や計画内容・実施状況の公表がおこなわれなければならない。

　この行動計画は、主に本章でのべてきた各施策・事業や後述の母子保健事業などがもり込まれたもので、できる限り具体的な目標をかかげることとされている。

　自治体行動計画は、次のような内容となっている。

<自治体行動計画の施策・事業>

施　　策	事　　業
地域における子育て支援	子育て支援事業、保育サービスの充実、子育て支援のネットワークづくり、子どもの健全育成など
親子の健康の確保・増進	子どもや母親の健康の確保、食育の推進、思春期保健対策の充実、小児医療の充実など
教育環境の整備	信頼され魅力ある学校づくりの推進、中学・高校生などの乳幼児とふれあう機会の拡充、家庭・地域の教育力の向上など
生活環境の整備	良好な住宅の確保・情報の提供、道路交通環境の整備、安全・安心なまちづくりの推進（「子育てバリアフリー」）など
仕事と家庭の両立の推進	男性をふくめた働き方の見直しなどの広報の推進など
子どもなどの安全の確保	交通安全教育の推進、子どもを犯罪から守る環境づくり・活動の推進など
要保護の子どもへの取り組みの推進	子ども虐待防止対策の充実、母子家庭などの自立支援の推進、障害児施策の充実など

ここにかかげられている施策・事業をみても、結局は、市民参加による自治体総合計画にもとづく自治体主導での生活しやすい＜地域＞づくりが、基本課題だといえよう。

第5章　障害者福祉政策

【要　点】

1)　日本においては、1981年の「障害者の完全参加と平等」をテーマとした「国際障害者年」を契機として、その後の「国連・障害者の10年」に呼応して、ようやく総合的な障害者施策が実施されるようになった。その背後には、障害当事者たちの命がけの運動があったことを見落としてはならない。
　　自治体では、障害当事者の参加のもとに行動計画などの障害者に関する計画を策定し、障害者の完全参加と平等を実現するために各種の施策を実施してきた。

2)　近年、国・自治体の障害者施策の展開によって、道路、建物などの段差や通路の狭さなどが改善されているとはいえ、まだまだ障害者が安心してまちに出られる条件が整っているとはいえない。また、いまだに人びとの意識や社会のなかには障害者にたいする差別と偏見の意識が根づよくのこっている。

3)　障害者の社会参加は、パラリンピックにみられるようにスポーツでの活動や文化・学習活動においてすすんできている。しかし、就労面においては、法定雇用率を下まわる企業もおおく、一般就労の促進がはかられなければならない。地域にあっては、福祉的就労として障害者・その家族やボランティアなどが中心となって運営している小規模作業所がきびしい条件のもとにおかれている。働く意欲をもっている障害者が、障害のない人と同じように、その能力と適性におうじて、就労のできる社会の実現にむけた取り組みが求められている。

4)　2006年4月から施行された障害者自立支援法によって、身体・知的・精神に障害のある者に共通の制度のもとで、サービスを一元的に提供する仕組みができた。だが、障害者の負担増とサービス量の抑制をともなっていることから、その見直しが求められている。

1 障害者と障害者福祉の基本理念

(1) 障害者と手帳制度

　障害者とは、身体障害、知的障害または精神障害があるため、継続的に日常生活または社会生活に相当な制限をうける者をいう（障害者基本法2条）。また、身体障害または知的障害のある18歳未満の者を「障害児」といっている（児童福祉法4条2項）。

　障害者には、障害の種別や程度などを記載した障害者手帳が交付され、福祉サービスなどを利用する際に提示する。障害者手帳には、身体障害者に交付される身体障害者手帳、知的障害者に交付される療育手帳および精神障害者に交付される精神障害者保健福祉手帳がある。なお、知的障害者の手帳については、法律上の規定がなく、自治体によっては「療育手帳」以外の名称をつかっている（「愛の手帳」・「緑の手帳」など）。これらの手帳の交付は、市町村をとおして申請し、医師の診断や専門職の審査・判定などにもとづき決定される。

　手帳制度は、本人であることとその障害の種別・程度を確認し、障害者サービスを利用しやすくするとともに、障害者の数や状態を把握し、障害者福祉施策の立案・推進に役立てることを目的としている。手帳交付台帳に登載されている障害者数は、年々ふえている（巻末資料参照）。

(2) 障害者の区分

① 身体障害者

　身体障害者は、身体上の障害がある18歳以上の者であって、都道府県知事・指定都市市長から身体障害者手帳の交付をうけた者をいう（身体障害者福祉法4条）。身体上の障害には、視覚障害、聴覚・平衡機能の障害、音声機能・言語機能・そしゃく機能の障害、肢体不自由および心臓・腎臓などの内部障害の5つがある。障

害の程度によって1級から7級までにわけられ、7級は肢体不自由のみであるが、7級が2つ以上重複すれば6級とされる（身体障害者福祉法4条・別表）。1・2級が重度、3・4級が中度、5・6級が軽度とされている。

② 知的障害者

知的障害者とは、法律上の定義規定はないが、「先天的又は出生時ないし出生後早期に、脳髄になんらかの障害を受けているため、知能が未発達の状態にとどまり、そのため精神活動が劣弱で、学習、社会生活への適応がいちじるしく困難な状態」（1970年文部省定義）にある者をいう。知的障害の程度については、知能指数（ＩＱ：知能の発達の程度をしめす数値）によって、一般的に重度、中度および軽度とされているが、Ａ（重度）・Ｂ１（中度）・Ｂ２（軽度）などに分けられることもある。

③ 精神障害者

精神障害者とは、統合失調症、精神作用物質による急性中毒またはその依存症、知的障害、精神病質その他の精神疾患を有する者をいう（精神保健及び精神障害者福祉に関する法律5条）。

■障害の分類■

ＷＨＯ（world Health Organization：世界保健機関）が1980年に試案として提起した「国際障害者分類」では、障害を「機能障害（Impairments）」「能力障害（Disabilities）」および「社会的不利（Handicaps）」の3つのレベルでとらえていたが、社会的不利の分類項目が不十分であること、環境との関係が欠落していることなどの批判があった。そこで改定作業がすすめられ、2001のＷＨＯ総会において、あたらしい障害分類が採択された。その特徴点は、マイナス面の分類を中心とした考え方から生活機能というプラス面をみるように視点をかえたこと、環境因子などの観点をくわえたことなどである。このような視点から、あたらしい障害分類では、機能障害、能力障害および社会的不利に代えて、「心身機能・身体構造」、「活動」および「参加」という言葉を用いて、それぞれにおいて問題をかかえた状態を「機能障害」、「活動の制限」および「参加の制約」としている。

▶ (3) 障害者福祉の基本理念

障害者福祉施策には、障害の特性にとくに配慮する必要があるので当事者のかかわり（当事者主義）が不可欠である。あわせて、障害者福祉施策は、次にのべるように個人の尊厳、社会参加および差別の禁止の3つの基本的理念にもとづくものでなければならない（障害者基本法3条）。

> **■自立の意味■**
> 自立とは、一般には、他者に依存しない状態をいうが、自立の側面には経済的自立、身体的（身辺）自立、精神的自立および社会的自立などがある。社会福祉においては、とくに自己選択・自己決定による主体的な生活の尊重が重視されている。また、自立した生活とは、各種の社会資源を活用しながら自分の「生」を主体的にいとなんでいることをさしている。

1) すべて障害者は、個人の尊厳が重んぜられ、その尊厳にふさわしい生活が保障されなければならない（個人の尊厳）。

　すべて国民は、個人として尊重される（憲法13条）。そのため、個人の生き方は、みずからの選択と決定にもとづくことが基本となる。障害者は、各種の施設・制度・機関・個人・団体などの社会資源を最大限に活用しながら、自己選択・自己決定にもとづいて、自立した生活をいとなむことができなければならない。

2) すべて障害者は、社会を構成する一員として、社会・経済・文化その他あらゆる分野の活動に参加する機会をあたえられなければならない。同時に、すべての障害者は、その有する能力を活用することにより、すすんで社会経済活動に参加するように努めなければならない（社会参加）。

　障害者が社会参加することによって、自立への道がひらかれるとともに、障害者にたいする一般の人びとの理解もふかまる。

3) 何人も、障害者にたいして、障害を理由として、差別することその他の権利利益を侵害する行為をしてはならない（差別の禁止）。

　すべて国民は、法の下に平等であって、人種・信条などにより、政治的・経済的・社会的関係において、差別されない（憲法14条）。「障害」は、障害をもつ人の一部の属性にすぎないのであって、これを理由として差別することは許されない。

2　障害者自立支援制度

(1)　自立支援制度の創設

　2003年に、「措置」から「契約」への転換をはかる「障害者支援費制度」が導入されたが、障害種別ごとの異なる法律（身体障害者福祉法・知的障害者福祉法・児童福祉法）にもとづいていたこと、精神障害者が対象外であったこと、サービスの利用者が急増したこと、サービス水準の地域間格差が生じたことなどにより改革が急務となった。そこで、2006年に、支援費制度にかえて障害者自立支援法にもとづき「障害者自立支援制度」が創設され、異なる法律にもとづいて提供されてきた福祉サービスなどが共通の制度のもとで一元的に提供されることになった。

　この制度改革には、当初から障害者の負担増やサービスの切りさげが危惧され、強い反対もあった。制度施行後に、一定の経過措置が設けられたものの過重な利用者負担と事業収入減による事業経営の困難さが現実のものとなった。

　障害者自立支援制度のポイントは、次の4点である。

1)　身体障害者、知的障害者および精神障害者にたいする給付を一つの制度体系とし、実施主体を市町村に一元化したこと。
2)　障害種別ごとの複雑な施設・事業体系を再編し、あわせて地域生活支援事業、就労支援事業および重度障害者のサービスを新たに設けたこと。
3)　支援の必要度に関する全国共通の客観的な尺度（障害程度区分）を導入し、審査会の審査・判定など支給決定プロセスの透明化をはかったこと。
4)　国の費用負担の責任を強化するとともに、利用者も応分の費用負担をすることとしたこと。

(2)　自立支援制度の構成

　障害者自立支援制度は、障害者・児がもっている能力・適性におうじた自立し

た日常生活または社会生活をいとなむことができるよう、総合的なシステムとして、構成されている。まず、自立支援給付として、介護給付費、訓練等給付費、自立支援医療費および補装具費の支給がおこなわれる。このうち、介護給付費および訓練等給付費の対象となるサービスが障害福祉サービスである。次に、地域生活支援事業としては、地域特性をいかした市町村の創意・工夫によって、相談支援、コミュニケーション支援、日常生活用具の給付・貸与、移動支援などがおこなわれる。市町村は、地域の障害福祉に関するシステムづくりに関し、中核的な役割をはたす協議の場として「地域自立支援協議会」を設置すべきものとされている。

<障害者自立システムの構成>

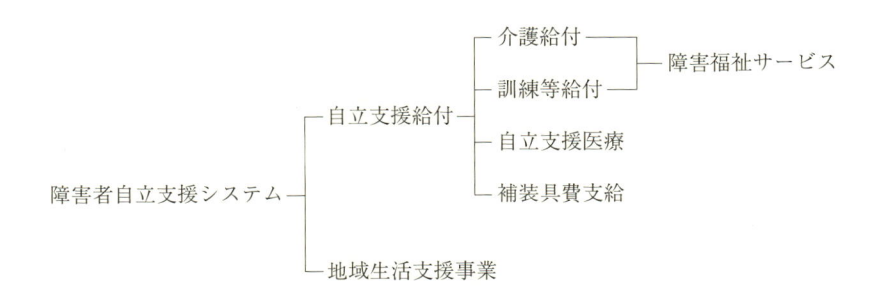

```
障害者自立支援システム ─┬─ 自立支援給付 ─┬─ 介護給付      ─┐
                      │               ├─ 訓練等給付    ─┤─ 障害福祉サービス
                      │               ├─ 自立支援医療
                      │               └─ 補装具費支給
                      └─ 地域生活支援事業
```

(3) 自立支援給付

① 障害福祉サービス

ア 障害福祉サービスの種類

障害福祉サービスは、上述のとおり介護給付および訓練等給付の対象サービスである。このサービスは、サービスを利用する場所によって、訪問・通所系サービス（居宅介護・重度訪問介護・行動援護・児童デイサービス・短期入所・重度障害者等包括支援）、日中活動（療養介護・生活介護・自立訓練・就労移行支援・就労継続支援）および居住支援（共同生活介護・施設入所支援・共同生活援助）に分類できる。

<障害福祉サービスの種類>

区　分	名　称	内　容
介護給付	居宅介護（ホームヘルプ）	自宅でうける入浴・排せつ・食事の介護など
	重度訪問介護	重度肢体不自由者で常時介護を要する者が自宅でうける入浴・排せつ・食事の介護および外出時の移動介護など
	行動援護	自己判断能力が制限されている者が危険を回避するために必要な支援や外出時においてうける移動介護
	療養介護	医療と常時介護を要する者が主として昼間、医療機関でうける機能訓練・療養管理・看護・介護および日常生活上の世話
	生活介護	常時介護を要する者が、昼間にうける入浴・排せつ・食事の介護、創作的活動または生産活動の機会の提供
	児童デイサービス	障害児がうける日常生活の基本的動作の指導、集団生活への適応訓練など
	短期入所（ショートステイ）	介護者の疾病などにより、施設に短期間入所してうける入浴・排せつ・食事の介護など
	重度障害者等包括支援	介護の必要度のいちじるしくたかい者がうける居宅介護その他の障害福祉サービスの包括的な提供
	共同生活介護（ケアホーム）	主として夜間、共同生活の住居においてうける入浴・排せつ・食事の介護など
	施設入所支援	障害者支援施設（施設入所支援およびその他の施設障害福祉サービスをおこなう施設）の入所者が、夜間・休日にうける入浴・排せつ・食事の介護など
訓練等給付	自立訓練	一定期間、身体機能または生活能力の向上のためにうける必要な訓練
	就労移行支援	就労希望者がうける就労に必要な知識・能力の向上のために必要な訓練
	就労継続支援	一般企業などに就労困難な者がうける就労機会の提供や知識・能力向上のために必要な訓練
	共同生活援助（グループホーム）	夜間・休日に共同生活の住居でうける相談その他日常生活上の援助
その他	サービス利用計画作成	利用する障害福祉サービスの種類・内容・担当者などをさだめる計画（ケアプラン）の作成および事業者との連絡調整などの支援
	高額障害福祉サービス費	サービスの利用者負担がいちじるしく高額であるときに支給

イ　障害福祉サービスの利用手続

　介護給付と訓練等給付の対象サービスの利用手続には違いがある。以下では、利用者のおおい介護給付の対象となるサービスの利用手続についてのべる。

◆支給申請→◆認定調査・医師意見書→◆一次判定（コンピュータ）→◆二次判定（市町村審査会）→◆障害程度区分の認定・認定通知→◆サービス利用意向聴取→◆支給決定→◆サービス利用

●支給申請
　　障害福祉サービスの利用を希望する障害者または障害児の保護者は、住所地の市町村に支給申請をする。

●認定調査・医師意見書
　　支給申請をうけた市町村は、障害程度区分を判定するために、認定調査員（市町村職員・委託先職員）による認定調査をおこなう。認定調査では、全国共通で統一的な調査票によりアセスメント項目（医療、まひなど、移動・動作、身辺、行動、コミュニケーションなどの106項目）のチェックをおこない、その際に判断に迷うような具体的状況などを調査票に特記事項として記載する。あわせて、概況調査（本人・家族などの状況、現在のサービス内容、家族からの介護状況など）をおこない、調査票に記載する。また、市町村は、医師意見書の提出を医師（医療機関）に依頼する。
　　障害程度区分とは、障害福祉サービスの必要性を明らかにするため、障害者の心身の状態を総合的にしめす区分であり、区分1から区分6までの6区分に分類される。この障害程度区分は、市町村がサービスの種類や量を決定する際に勘案する事項の一つであって、介護保険制度の要介護認定とは異なり、個々の支給決定は、後述のように障害程度区分だけではおこなわれない。

●審査・判定と認定
　　市町村は、認定調査の結果をコンピュータに入力して、障害程度区分の一次判定をおこなう。次に、市町村審査会が一次判定結果、特記事項および医師意見書の内容をふまえ、障害程度区分の審査をし、二次判定をおこなう。市

町村は、審査会の審査・判定結果にもとづき、障害程度区分の認定をおこない、申請者にその結果を通知する。

なお、市町村審査会は、審査判定業務をおこなうために設置され、その委員は、障害者・児の保健・福祉に関する学識経験者のなかから市町村長が任命する。

● 支給決定

市町村は、認定をうけた者の介護給付にかかるサービスの利用意向を聴取し、障害程度区分や概況調査で把握された事項を勘案し、サービスの利用意向をふまえて支給決定をする。支給決定の内容は、サービスの種類ごとに月を単位とした期間と支給量（利用時間数など）である。市町村は、申請者に支給決定の通知をおこない、決定内容を記載した障害福祉サービス受給者証を交付する。なお、サービスの種類・支給量などを変更する必要があるときは市町村に変更申請をすることができる。

● サービスの利用

支給決定をうけた障害者または障害児の保護者は、指定事業者・指定施設とサービス利用契約をむすんでサービスを利用する。給付の対象となるサービスは、都道府県知事の指定をうけた事業者・施設の指定をうけた障害福祉サービスに限られる。

サービスを利用すると介護給付費が支給される。その額は、障害福祉サービスの種類ごとに指定障害福祉サービスなどに通常要する費用につき、厚生労働大臣がさだめる基準により算定した費用の額の9割に相当する額で、1割が利用者負担となる。利用者負担には、所得におうじた月額負担上限額が次頁の表のとおり設けられており、それをこえる金額については、高額障害福祉サービスが支給される。なお、食費および光熱水費（実費負担）は自己負担である。

このように介護給付は、市町村から障害者または障害児の保護者に給付費が支給される仕組みになっているが、実際上は、事業者・施設が利用者に代理して市町村に給付費を請求し、支払いをうける方法をとっており、利用者は事業者・施設に利用者負担分を支払えばよい扱いとなっている（現物給付化）。

<月額負担上限額>

区　分	世帯の収入状況	月額負担上限額
一般	市町村民税課税世帯	37,200 円
低所得2	市町村民税非課税世帯	24,600 円
低所得1	市町村民税非課税で本人収入80万円以下の者	15,000 円
生活保護	生活保護世帯	0円

ウ　相談支援（ケアマネジメント）

障害者自立支援法では、「相談支援」としてケアマネジメントが導入されている。相談支援とは、次のようなサービスを提供することである。

1) 地域の障害者・児の福祉に関する諸般の問題について、障害者・障害児の保護者・介護者からの相談におうじ、必要な情報の提供および助言をおこなうこと。あわせて、市町村や指定障害福祉サービス事業者などとの連絡調整などをおこなうこと。

2) 支給決定をうけた障害者・障害児の保護者の依頼をうけて、障害者・児の心身の状況・おかれている環境、サービス利用意向などの事情を勘案して、サービス利用計画（利用する障害福祉サービスの種類・内容・担当者などがさだめる計画）を作成するとともに、計画にもとづく障害福祉サービスの提供が確保されるよう指定障害福祉サービス事業者などとの連絡調整などをおこなうこと。

障害者支援施設の退所者や単身世帯の者などで一定の要件をみたす障害者・児が指定相談支援事業者から相談支援をうけたときには、指定相談に要した費用がサービス利用計画作成費として支給される。利用者負担はない。

エ　事業者・支援施設

介護給付および訓練等給付の対象となるサービスは、都道府県知事の指定をうけた障害福祉サービス事業者、障害者支援施設および相談支援事業所が提供する指定されたサービスである。障害福祉サービス事業者の指定は、障害福祉サービス事業をおこなう者の申請により、障害福祉サービスの種類および事業所ごとにおこなわれる。都道府県知事の指定には、申請者が法人であること、事業所の従業員の知識・技術および員数が一定の基準をみたしていること、所定の設備・運営基準にしたがって適正な事業運営ができることなどの要件をそなえていなけれ

ばならない。

　障害者支援施設（施設入所支援をおこなうとともに、それ以外の施設障害福祉サービスをおこなう施設）の指定は、施設の設置者の申請により、施設障害福祉サービスの種類および当該障害者支援施設の入所定員をさだめておこなう。指定要件は、障害福祉サービス事業者と同じである。

　相談支援事業者の指定は、手続・指定要件とも障害福祉サービス事業者と同じである。

② 自立支援医療

　ア　自立支援医療費の内容
　自立支援医療は、障害者・児がその心身の障害状態の軽減をはかり、自立した日常生活または社会生活をいとなむために必要な医療であり、これに要した費用が自立支援医療費として支給される。自立支援医療の内容および実施主体は、従来どおり、身体障害者にたいする更生医療が市町村、精神障害者にたいする精神通院医療と障害児にたいする育成医療が都道府県・指定都市・中核市である。自立支援医療制度によって、3つの医療の支給手続や利用者負担が共通化された。

　イ　支給手続
　自立支援医療費の支給をうけようとする障害者または障害児の保護者は、市町村などに申請をし、その支給する旨の認定をうけなければならない。
　市町村などは、申請にかかる障害者・児がその心身の障害状態からみて自立支援医療をうける必要があり、かつ、当該障害者・児またはその属する世帯員の所得の状況、治療状況その他の状況を勘案して政令でさだめる基準に該当する場合には、自立支援医療の種類ごとに支給認定をおこなう。支給認定をしたとき、支給認定の有効期間、利用者が自立支援医療をうける指定自立支援医療機関（都道府県知事が指定）の名称などを記載した自立支援医療受給者証が交付される。

ウ　支給額と利用者負担

支給認定をうけた障害者・児は、支給認定の有効期間内に指定自立医療機関から医療をうけたとき、その費用が、自立支援医療費として支給される。自立支援医療費の額は、原則として、健康保険の療養に要する費用額の算定方法の例により算定された額の9割に相当する額で、1割が利用者負担となる。利用者負担には、所得段階におうじて月額上限が設けられている。入院時の食費（標準負担額）は自己負担である。

③　補装具費の支給

補装具は、身体障害者・児の身体機能を補完または代替し、かつ、長期間にわたり継続して使用されるもので、これらの購入・修理に要する費用が補装具費として支給される。補装具の種類には、義手、義足、装具、車いす、電動車いす、歩行器、座位保持装置、盲人安全つえ、義眼・眼鏡、補聴器がある。

市町村は、身体障害者または身体障害児の保護者から申請があった場合において、身体障害者・児の障害の状態からみて、補装具の購入・修理を必要とする者であると認めるとき、補装具費を支給する。

補装具費の額は、補装具の購入・修理に通常要する費用の額を勘案して、厚生労働大臣がさだめる基準で算定した費用の額の9割に相当する額で、1割が利用者負担となる。利用者負担については、所得におうじて上限が設けられている。

④　障害児施設の利用

障害児施設（知的障害児施設・知的障害児通園施設・盲ろうあ児施設・肢体不自由児施設・重症心身障害児施設）の利用については、障害者自立支援法が適用され、従来の措置制度から契約方式に変わっている。

障害児施設の利用を希望する障害児の保護者は、都道府県に障害児施設給付費の支給申請をおこない、申請をうけた都道府県は、障害の程度、介護者の状況および児童相談所の意見聴取もふまえて審査・支給決定をする。支給決定をうけた保護者は、利用する施設と契約をむすんで利用する。児童が18歳に達した場合でも障害の程度が重度の場合には延長利用が可能である。利用者負担は、福祉サービス費の1割であるが、食費などで実費負担がある。

(4) 地域生活支援事業

① 市町村の事業

市町村は、地域生活支援事業として、下表の事業をおこなう。

都道府県は、市町村における地域生活支援事業の実施体制の整備状況などを勘案して、関係市町村の意見をきいて、その市町村にかわって、これらの事業の一部をおこなうことができる。

<地域生活支援事業>

事業区分	事業名	内容
法定事業	相談・情報提供・助言等事業（相談支援事業）	地域の障害者・児の福祉に関する各般の問題について、相談におうじ、必要な情報提供や助言など
	権利擁護援助事業	障害者・児にたいする虐待の防止・早期発見のための関係機関との連絡調整など障害者・児の権利擁護のために必要な援助
	手話通訳者等の派遣事業（コミュニケーション支援事業）	聴覚などの障害のため意思疎通をはかることに支障がある障害者・児に手話通訳などをおこなう者の派遣など
	日常生活用具（※20）の給付・貸与事業	日常生活上の便宜をはかるための用具の給付または貸与など
	移動支援事業	障害者・児が円滑に外出することができるよう移動を支援する事業
	創作的活動等事業（地域活動支援センター事業）	障害者・児を地域活動支援センターなどの施設に通わせ、創作的活動や生産活動の機会の提供、社会との交流促進など
任意事業	その他の事業	障害者・児がその有する能力・適性におうじ自立した日常生活または社会生活をいとなむために必要な事業

※20　日常生活用具
　浴槽、入浴補助用具、体位交換器、便器、特殊尿器、特殊寝台、時計、移動用リフト、点字タイプライター、テープレコーダー、電磁調理器、音声式体温計、音声式体重計、点字図書、聴覚障害者用通信装置、たん吸引器、火災報知器、自動消火器など

② 都道府県事業

　都道府県は、相談・情報提供・助言等事業および権利擁護援助事業のうち、とくに専門性のたかい相談支援事業、広域的な対応が必要な事業、障害福祉サービスや相談支援をおこなう者などの育成事業などをおこなう。

▶▶▶ (5) 障害福祉計画

① 市町村障害福祉計画

　市町村は、厚生労働大臣がさだめる基本指針にそくして、障害福祉サービス、相談支援および地域生活支援事業の提供体制の確保に関する計画（市町村障害福祉計画）を策定しなければならない。
　市町村障害福祉計画には、次の事項をさだめる。
　1) 各年度における障害福祉サービスや相談支援の種類ごとの必要量の見込み
　2) 障害福祉サービスや相談支援の種類ごとの必要な見込量の確保策
　3) 地域生活支援事業の種類ごとの実施に関する事項
　4) その他必要な事項

　障害福祉計画の策定にあたっては、障害者・児の数、障害の状況などの事情を勘案すること、障害者計画や地域福祉計画などと調和のたもたれたものであること、あらかじめ市民の意見を反映させるために必要な措置（市民参加）を講ずべきものとされている。

② 都道府県障害福祉計画

　都道府県は、厚生労働大臣がさだめる基本指針にそくして、市町村障害福祉計画の達成に資するため、広域的な見地から、障害福祉サービス、相談支援および地域生活支援事業の提供体制の確保に関する計画（都道府県障害福祉計画）を策定しなければならない。

▶▶▶ (6) 費用負担

　市町村は、障害福祉サービス・自立支援医療費・補装具費の支給などに要する費用および地域生活支援事業に要する費用を支弁する。
　都道府県は、市町村が支弁する障害福祉サービス・自立支援医療費・補装具費などの支給に要する費用の4分の1を負担し、市町村の地域生活支援事業に要する費用の4分の1を補助することができる。
　国は、市町村が支弁する障害福祉サービス・自立支援医療費・補装具費などの支給に要する費用の2分の1を負担し、地域生活支援事業に要する費用の2分の1以内を補助することができる。

▶▶▶ (7) 審査請求

　障害者または障害児の保護者は、市町村長の介護給付費などにかかる処分に不服があるときは都道府県知事にたいし審査請求をすることができる。審査請求は、処分のあったことを知った日の翌日から起算して原則60日以内に文書または口頭でする。
　都道府県知事は、審査請求の事件をとり扱わせるために、条例にさだめて、障害者介護給付費等不服審査会をおくことができる。審査会の委員は、人格高潔で、介護給付費などに関する処分の審理に関し公正・中立な判断をすることができ、かつ、障害者・児の保健・福祉に関する学識経験を有する者のうちから、都道府県知事が任命する。
　介護給付費などにかかる処分の取消の訴えは、処分についての審査請求にたいする裁決をへた後でなければ提起することができない。

▶▶▶ (8) 介護保険制度との関係

① 共通点
　障害者自立支援および介護保険の両制度とも、措置から契約への転換を中心とした利用者主体のサービス提供の仕組みを建て前としていること、市民に身近な

市町村が運営の主体となっていること、障害福祉サービスの利用手続が介護保険サービスの利用手続に準じていることなど多くの点で共通している。このことから、障害者自立支援制度と介護保険制度の統合が課題となってきたが、障害者の特性を十分に考慮しつつ慎重な検討が必要である。

② 相違点

障害者自立支援および介護保険の両制度のおおきな相違点は、財源と会計区分である。

財源については、利用者負担を除いて、障害者自立支援制度が公費（税）でまかなわれる（租税方式）のにたいして、介護保険制度が保険料と公費（税）とによって半分ずつ賄われる（保険方式）。また、会計区分については、障害者自立支援制度に要する経費が通常の一般会計予算に計上され経理されているが、介護保険制度に要する経費が特定の事業をおこなう場合または特定の歳入をもって特定の歳出にあてるために設けられる特別会計予算に計上され経理されている。

③ 利用関係

介護保険制度は、障害者福祉制度に優先して適用される。したがって、介護保険制度の対象となるサービスと自立支援制度の対象となるサービスとが重複する場合には、介護保険制度にもとづくサービスを利用することになる。

3 障害者の就労・雇用施策と障害者手当

(1) 福祉的就労と一般就労

障害者の働き方には、民間企業や自治体・国などへの「一般就労」と福祉施設などで訓練をうけながら働く「福祉的就労」とがある。

一般就労は、主として、特別支援学校（旧・養護学校など）、公共職業安定所（ハローワーク）などの紹介・あっ旋によっておこなわれている。とくに、ハローワー

クにおける職業紹介・職業指導・求人開拓などの役割がおおきくなっている。福祉的就労は、主として法定の授産施設や福祉工場と法定外の小規模作業所によってになわれてきた。

　就労している障害者では、福祉的就労がおおきな比重をしめている。地域にあっては、障害者・その家族やボランティアなどが中心となって小規模作業所を運営してきているが、作業施設の確保、運営費の調達、仕事の受注などきびしい条件のもとにおかれている。

　障害者が福祉的就労でうける工賃（賃金）は、非常にひくい金額である（巻末資料参照）。

　障害者が安定した生活をおくるためには、経済的基盤の確保が不可欠である。そのためにも、障害者の福祉的就労から一般就労への移行とともに、工賃（賃金）の大はばな引き上げが重要課題となっている。

　障害者自立支援制度における就労支援には、訓練等給付としての就労移行支援・就労継続支援と地域生活支援事業としての地域活動支援センターがある。就労移行支援は、就労希望者が就労に必要な知識・能力の向上ために必要な訓練をうけるものである。就労継続支援は、一般企業などに就労困難な者が就労機会の提供や知識・能力向上のために必要な訓練をうけるもので、これには事業者と雇用契約をむすぶ雇用型の「就労継続支援（Ａ型）」と非雇用型の「就労継続支援（Ｂ型）」とがある。地域活動支援センターは、市町村が創意・工夫により実施する地域生活支援事業としておこなわれる。

　従来の福祉的就労は、障害者自立支援制度の就労支援に移行することになったが、利用者負担が新たにくわわったことなどから、利用辞退者が続出し、小規模事業所などの運営は従来にましてきびしいものになっている。

▶▶▶ (2) 法定雇用率制度

　本来、障害者も経済社会を構成する労働者の一員として、その能力に適合する職業につくことによって、職業生活において自立することが望ましい。そこで、障害者が障害のない人と同様に、その能力と適性におうじた雇用の場に就くことができるよう「障害者の雇用の促進等に関する法律」にもとづき、障害者の雇用対策が総合的に推進されている。その中心が、民間企業、国および自治体に、一定

の割合に相当する数以上の障害者を雇用しなければならないとする法定雇用率制度である。この制度は、障害者が一般労働者と同じ水準において常用労働者となりうる機会をあたえることを目指している。

　法定雇用率は、下表のとおりであるが、障害者の雇用にともなう事業主の経済的負担の調整をはかるため、常用労働者が一定数以上の事業主については、雇用率未達成事業主から不足人数におうじ障害者雇用納付金を徴収し、雇用率達成事業主に超過人数におうじて障害者雇用調整金を支給している。また、常用労働者が一定数以下の事業主については報奨金制度がある（※21）。

　障害者の実雇用率は、全体的に上昇しているものの、民間企業、教育委員会、特殊法人などの平均では法定雇用率に達していない（巻末資料参照）。民間企業では、とくに中小企業の実雇用率はひくい水準にある。

<法定雇用率>

区　　分		規　　模	法定雇用率
民間企業	一般の民間企業	常用労働者数56人以上	1.8％
国・自治体	国・自治体の機関	職員数48人以上	2.1％
	自治体の教育委員会	職員数50人以上	2.0％
特殊法人・独立行政法人		常用労働者数48人以上	2.1％

▶▶▶　(3)　障害者手当

① 障害児福祉手当

　障害児福祉手当は、身体・精神に重度の障害を有する児童にたいして支給される。受給資格は、20歳未満の障害児で、おおむね身体障害者手帳1・2級程度、療育手帳1・2度程度またはそれと同等の疾病・精神障害を有する者であるが、一定の所得以上の者には支給されない（手当額⇒巻末資料参照。②③も同じ）。

※21　納付金・調整金・報奨金（2008年度現在）
　　障害者雇用納付金（常用労働者301人以上の事業主）⇒不足1人月額5万円徴収
　　障害者雇用調整金（常用労働者301人以上の事業主）⇒超過1人月額2万7千円支給
　　報奨金（常用労働者300人以下の事業主）⇒超過1人月額2万1千円支給

② 特別障害者手当

　特別障害者手当は、身体・精神にいちじるしい重度の障害を有する者にたいして支給される。受給資格は、20歳以上の者で、おおむね身体障害者手帳1・2級程度および療養手帳1・2度の障害が重複している者またはそれと同等の疾病・精神障害を有している者であるが、一定の所得以上の者には支給されない。

③ 特別児童扶養手当

　特別児童扶養手当は、精神・身体に障害を有する児童について支給される。対象児童は、20歳未満で国民年金法における1・2級に相当する障害をもつ者である。受給資格者は、対象児童を監護している父・母または父母にかわって児童を養育している者であるが、受給者・配偶者・扶養義務者に一定以上の所得があるときは支給されない。

　①〜③の各手当は、特別児童扶養手当等の支給に関する法律にもとづいて支給されているが、自治体が独自に障害者にたいする手当制度を設けている場合がある。

4　難病者施策

　難病は、「(1) 原因不明・治療法未確立であり、かつ、後遺症を残す恐れが少なくない疾病、(2) 経過が慢性にわたり、単に経済的な問題のみならず介護等に著しく人手を要するために家族の負担が重く、また精神的にも負担の大きい疾病」と定義されている（厚生省1972年「難病対策要綱」）。難病のうち、全国的規模での調査研究が必要な疾患を特定疾患としている。特定疾患には、123種類あり、そのうち、ベーチェット病、潰瘍性大腸炎、悪性関節リウマチ、パーキンソン病関連疾患、網膜色素変性症など45疾患の医療費が公費負担助成の対象となっている。難病対策には、国・都道府県が実施している調査研究や相談事業のほかに、市町村の事業として、難病者等居宅生活支援事業（ホームヘルプサービス事業、ショート

ステイ事業、日常生活用具給付事業など)をおこなうことができる。また、自治体は、独自事業として難病者手当の支給などもおこなっている。おおくの難病者は身体障害者手帳の交付をうけているが、医療と福祉の両サービスを必要とし、きびしい生活を強いられている(医療受給者証所持者数⇒巻末資料参照)。

5 発達障害者支援施策

　発達障害については、ながい間、制度の谷間にあって対策も不十分で、家族もおおきな不安をかかえ、法制度の整備が求められていた。ようやく2005年に、「発達障害者支援法」が制定・施行され、支援対策が整備されることになった。
　同法の発達障害とは、1)自閉症、アスペルガー症候群その他の広汎性発達障害、学習障害、注意欠陥多動性障害その他これに類する脳機能の障害であって、2)その症状が通常低年齢において発現するもののうち、3)言語の障害、協調運動の障害、心理的発達の障害および行動・情緒の障害をいう。このような発達障害を有するために日常生活や社会生活に制限をうけている者が発達障害者・児である。
　国・自治体は、発達障害者・児の心理機能の適正な発達を支援し、円滑な社会生活を促進するための発達障害の特性に対応した医療的・福祉的・教育的援助をおこなう。
　市町村においては、次のような支援施策をおこなわなければならない。
1)　母子健康診査および学校健康診断をおこなうにあたり発達障害の早期発見に十分に留意すること。
2)　発達障害の疑いのある児童について継続的な相談をおこなうことに努めるとともに、当該児童の保護者に発達障害センターや医療機関などの紹介・助言をおこなうこと。
3)　保育の実施にあたって、発達障害児の健全な発達が他の児童と共に生活することをつうじてはかられるよう適切な配慮をすること。
4)　発達障害児がその障害の状態におうじ、十分な教育をうけられるようにするため、適切な教育的支援体制の整備などをおこなうこと。

5) 放課後児童健全育成事業について、発達障害児の利用機会の確保をはかるため、適切な配慮をすること。
6) 発達障害者がその希望におうじて地域において自立生活をいとなむことができるようにするため社会生活への適応訓練をうける機会の確保、住居の確保などに努めること。
7) 児童相談所等関係機関と連携をはかりつつ、発達障害者の家族にたいし相談・助言などの支援を適切におこなうよう努めること。

第6章　生活困窮者福祉政策

【要　点】

1)　人は、一生涯のうちで、病気・老齢・失業などが原因で、所得を喪失し、生活困窮におちいることがある。生活保護制度は、生活困窮におちいった人たちの生活を保障する「最後のトリデ」「最後のセーフティーネット」となるものである。
2)　近年、無年金・低額年金の高齢者の増大やリストラなどによる失業者の増大にくわえて働けど生活費に不足するワーキングプアがふえて、生活保護受給者が増加し、生活保護費が増大している。
3)　生活保護費は、義務的経費だとはいえ、その財源には限りがあることから、その抑制のために、福祉事務所の窓口を訪れても、保護申請をうけつけない、いわゆる水際作戦までとられることもある。また、非常にきびしい資産調査（ミーンズ・テスト）がおこなわれてきている。一方、生活保護をうけることを潔しとせず、必要な保護をうけずに餓死するという悲惨な事件もおきてきた。
4)　今また、国民年金の保険料の未納者がふえて、年金制度の空洞化がすすむなかで、将来、年金をうけられず、生活保護を頼ってくることも予想される。
5)　生活保護費の財源の確保は、国の本来的な責任に属するが、制度の運用については自治体の弾力的な裁量を認めるべきである。

1 生活保護の実施

(1) 生活保護の目的

　生活保護は、憲法25条に規定する理念にもとづき、国が生活に困窮するすべての国民にたいし、その困窮の程度におうじ、必要な保護をおこない、その最低限度の生活を保障するとともに、その自立を助長することを目的としている（生活保護法1条。以下本章では同法を「法」という）。

　憲法25条は、「すべて国民は、健康で文化的な最低限度の生活を営む権利を有する。」として、個人の生活権（生存権）を保障するとともに、「国は、すべての生活部面について、社会福祉、社会保障及び公衆衛生の向上及び増進に努めなければならない。」として政府の責務をあきらかにしている。

　何をもって、個人の「生活権」としての「最低限度の生活」とするかについては、「健康で文化的な最低限度の生活なるものは、抽象的な相対的概念であり、その具体的内容は、文化の発達、国民経済の進展に伴って向上するのはもとより、多数の不確定要素を総合考慮してはじめて決定できる」とされている（最高裁昭和42年5月24日大法廷判決・朝日訴訟）。

　「自立の助長」とは、生活保護の実施をとおして、生活に困窮する者の経済的な自立を側面から支援していくことである。このため、遅ればせながら、2005年度から「自立支援プログラム」が導入されている。これは、生活保護の実施機関が被保護世帯全体の状況を把握したうえで、自立支援の具体的内容や実施手順などを内容とする世帯類型ごとの「個別支援プログラム」をさだめ、これにもとづいて個々の被保護者に必要な支援を組織的に実施するものである。

　生活保護の対象者については、日本国民を想定しているが、地域に滞在する生活に困窮している外国人への柔軟な対応が求められる。国際化社会において在留外国人にたいする生活保護に関する法整備も必要となっている。

なお、生活保護法にもとづく保護を現にうけている者を被保護者といい、現に保護をうけているといないとにかかわらず、保護を必要とする状態にある者を要保護者という。

▶▶▶ (2) 生活保護事務の性質

生活保護事務は、2000年分権改革以前においては機関委任事務の典型であったが、機関委任事務の廃止にともなって、国が本来はたすべき役割にかかる法定受託事務に移行した。あわせて、生活保護法の一部改正がおこなわれ、保護の実施機関は、要保護者からの求めがあったときは、要保護者の自立を助長するために、要保護者からの相談におうじ、必要な助言をするとの規定が追加された（法27条の2）。この追加された事務は、自治体が本来はたすべき役割にかかる自治事務であって、自治体が自主的・主体的に対処すべきものである。

▶▶▶ (3) 実施機関

生活保護の実施機関とは、生活保護法にもとづき生活保護の要否およびその程度を決定し、実施する機関のことで、具体的には、都道府県知事、市長および福祉事務所を管理する町村長である。福祉事務所は、社会福祉法にもとづき条例で設置される「福祉に関する事務所」で、市および都道府県には設置義務があるが、町村の場合には任意設置である。福祉事務所を設置していない町村の区域については、都道府県の福祉事務所が所管する。

■権限の委任と代理■

権限の委任は、行政庁が法律でさだめられているみずからの権限の一部を他の行政庁に委譲することである。これによって委任をした行政庁は、その委任事務を処理する権限を失い、委任をうけた行政庁が自己の権限として自己の名と責任において委任をうけた事務を処理する。

権限の代理は、行政庁の権限の全部または一部を他の行政機関が代理者として行使する。代理する者は、代理される行政庁の名においてその権限を行使し、その行為の結果は代理される行政庁の行為として効力を生じる。

なお、行政庁とは、行政主体（国・自治体）のために意思決定をし、それを市民にたいして表示する権限をもつものである。自治体では、長や行政委員会などである。

生活保護の実施機関は、保護の決定および実施に関する事務の全部または一部をその管理に属する行政庁にかぎり、委任することができる（法19条4項）。福祉事務所がここでいう行政庁にあたり、実際にも保護の実施機関から福祉事務所長に生活保護の決定などの権限の委任がおこなわれている。委任された事務については、対外的にも福祉事務所長の名と責任のもとに処理されることになる。

福祉事務所には、所長および条例でさだめる定数の現業をおこなう所員（ケースワーカー）として社会福祉主事などがおかれる。生活保護の現場事務を担当するケースワーカーの数は、市町村の場合で被保護世帯数80に1人が標準とされているが、被保護世帯をフォローする体制が不十分な自治体もある。また、全体的にいえることであるが、職員（所員）については、自治体間のみならず、同一自治体内においても知識・技術面において格差がある。適材の配置とともに研修・常時の訓練を心がけることが必要である。

被保護者の援助過程においては、民生委員その他の相談機関や福祉施設・医療機関などの関連機関との十分な連携をはかることが必要である。

さらに、国民年金保険料の未納者がふえ、その空洞化が指摘されているが、将来、年金受給権をもたない者が生活保護制度を利用することが予想される。そこで、福祉事務所と国民年金所管組織との協力体制を機能させていかなければならない。

保護の実施機関は、次のような権限を行使することができるが、強権的にならないよう留意しなければならない。

1) 被保護者にたいして、生活の維持・向上その他保護の目的達成に必要な指導・指示をすること。ただし、この指導・指示は、被保護者の自由を尊重し、必要最小限度にとどめ、また被保護者の意に反しておこなってはならない。
2) 保護の決定・実施のため必要があるときは、要保護者の資産状況、健康状態などを調査するため、職員に居住場所の立入調査をおこなわせ、または医師・歯科医師の検診をうけるよう命じること。
3) 保護の決定・実施のため必要があるときは、要保護者・その扶養義務者の資産・収入の状況につき、官公署に調査の嘱託または銀行・信託会社・雇主などの関係人に報告を求めること。
4) 要保護者から求めがあったときは、その自立を助長するための相談におうじ、必要な助言をすること。

▶▶▶ (4) 生活保護の手続

　生活保護の開始は、要保護者などの申請にもとづくことを原則とするが、要保護者が急迫した状況にあるときは、実施機関が職権によっておこなうことができる。
　申請による保護の実施は、次のような手続によっておこなわれる。

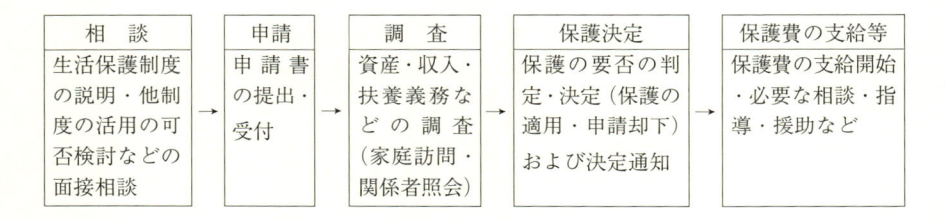

相　　談	申　請	調　　査	保護決定	保護費の支給等
生活保護制度の説明・他制度の活用の可否検討などの面接相談	申請書の提出・受付	資産・収入・扶養義務などの調査（家庭訪問・関係者照会）	保護の要否の判定・決定（保護の適用・申請却下）および決定通知	保護費の支給開始・必要な相談・指導・援助など

　職権による場合は、行き倒れなどで急迫保護を要する者を医療機関へ入院または保護施設へ入所させて、事後に保護の要否を判定する。

2　生活保護の原理・原則

▶▶▶ (1) 生活保護の原理

　生活保護法の解釈・運用は、次の4つの原理にもとづいておこなわれなければならない。

① 生活権の原理
　国は、その責任において、憲法25条の「生活権」理念にもとづき、生活困窮者にたいして最低限度の生活を保障しなければならない。この原理から、生活保護に要する経費は、基本的に国が負担すべきである。

② 無差別平等の原理

すべて国民個人は、生活保護法にさだめる要件をみたすかぎり、生活保護法による保護を無差別平等にうけることができる。差別をすることは許されない。

③ 最低生活保障の原理

生活保護法により保障される最低限度の生活は、健康で文化的な生活水準を維持することができるものでなければならない。

生活保護をうけていない低所得世帯の生活費より、生活扶助が上まわっている保護世帯があるとの指摘・批判もあるが、生活扶助を下まわる低所得世帯の存在こそが問題である。

④ 保護の補足性の原理

生活保護は、生活に困窮する者がその利用しうる資産、能力その他あらゆるものをその最低限度の生活維持のために活用することを要件としておこなわれる。

民法にさだめる扶養義務者の扶養および他の法律にさだめる扶助は、すべて生活保護法による保護に優先しておこなわれるものとされている。民法では、直系血族および兄弟姉妹は互いに扶養する義務があると規定している（同法877条１項）が、この扶養義務には自分の生活と同質・同程度の生活を確保する生活保持義務（夫婦間・未成年の子の親権者）と自分の生活に余裕がある場合にその限度で扶助する生活扶助義務とがある。

▶▶ (2) 生活保護の実施原則

生活保護の具体的な実施は、次の４つの原則にもとづいておこなわれなければならない。

① 申請保護の原則

生活保護は、要保護者・その扶養義務者・同居の親族の申請にもとづいて開始される。ただし、要保護者が急迫した状況にあるときは、保護の申請がなくても、必要な保護をおこなうことができる。このように生活保護は、申請方式と実施機

関の職権にもとづく措置方式の組み合わせによっておこなわれる。

　生活保護の窓口で保護申請を受けつけないいわゆる水際作戦は、この原則にそぐわないものである。

② 　基準および程度の原則

　生活保護は、厚生労働大臣がさだめる基準により測定した要保護者の需要をもととし、そのうち要保護者の金銭または物品でみたすことのできない不足分をおぎなう程度においておこなうものとする。

　厚生労働大臣がさだめる基準は、要保護者の年齢・性別、世帯構成別、地域別その他保護の種類におうじて必要な事情を考慮した最低限度の生活の需要をみたすに十分なものであって、かつ、これをこえないものでなければならない。

③ 　必要即応の原則

　生活保護は、要保護者の年齢別・性別・健康状態などその個人または世帯の実際の必要の相違を考慮して、有効・適切におこなうものとする。

　なお、性別による保護基準などの差は現状では設けられていない。

④ 　世帯単位の原則

　生活保護は、世帯を単位としてその要否および程度をさだめるものとする。ただし、これによりがたいときは、個人を単位としてさだめることができる。

3　生活保護の種類・範囲・方法と保護施設

(1)　生活保護の種類・範囲・方法

　生活保護は、困窮のため最低限度の生活を維持することのできない者にたいして、次にあげる8種類の保護が単給または併給としておこなわれる。

　保護の方法には、金銭の給与・貸与による金銭給付と物品の給与・貸与、医療の給付、役務の提供その他金銭給付以外の方法による現物給付とがある。

<生活保護の種類・範囲・方法>

種　類	範　　囲	方　法
生活扶助	衣食その他（光熱費など）日常生活の需要をみたすために必要なものなど。介護保険の保険料部分もふくまれる。	原則として金銭給付
教育扶助	教科書その他の学用品、通学用品および学校給食その他義務教育にともなって必要なもの	原則として金銭給付
住宅扶助	住居および補修その他住宅の維持のために必要なもの（家賃・地代など）	原則として金銭給付
医療扶助	診療、薬剤・治療材料、医学的処置・手術・その他の治療・施術、居宅における療養上の管理・その療養にともなう世話その他の看護、病院・診療所への入院・その療養にともなう世話その他の看護および移送	原則として現物給付
介護扶助	居宅介護、福祉用具、住宅改修、施設介護および移送。介護保険の保険給付の自己負担分について給付	原則として現物給付
出産扶助	分べん（出産）の介助、分べん前後の処置および脱脂綿・ガーゼその他の衛生材料	原則として金銭給付
生業扶助	生業（生活のための仕事）に必要な資金・器具・資料、生業に必要な技能の習得（高等学校等就学をふくむ）および就労のために必要なもの	原則として金銭給付
葬祭扶助	検案（死亡の事実を医学的に確認）、死体の運搬、火葬・埋葬および納骨その他葬祭のために必要なもの	原則として金銭給付

▶▶▶（2） 保護施設

保護施設には、次の5つの種類がある。

<保護施設>

種　類	機　　　　　能
救護施設	身体上・精神上いちじるしい障害があるために日常生活をいとなむことが困難な要保護者を入所させ、生活扶助をおこなう。
更生施設	身体上・精神上の理由により養護および生活指導を必要とする要保護者を入所させ、生活扶助をおこなう。
医療保護施設	医療を必要とする要保護者にたいして医療の給付をおこなう。
授産施設	身体上・精神上の理由または世帯の事情により就業能力の限られている要保護者にたいして、就労・技能の修得のために必要な機会・便宜をあたえて、その自立を助長する。
宿泊提供施設	住居のない要保護者の世帯にたいして住宅扶助をおこなう。

4　生活保護基準と保護費の算定

　生活保護は、世帯の収入が最低生活費にみたない場合に適用され、最低生活費から収入充当額（収入にあてられる金額）をさし引いた差額が保護費（扶助費）として支給される。

```
┌─────────────────────────┐
│      最　低　生　活　費      │
├───────────────┬─────────┤
│     収　　　入     │/////////│ ← 保護費
└───────────────┴─────────┘
```

▶▶▶（1） 生活保護基準

　最低生活費は、厚生労働大臣がさだめる基準により測定されるが、その基準が「生活保護法による保護の基準」（厚生労働省告示）である。このうちで最も基本となる生活扶助基準は、次の図のような内容からなっているが、国の経済見通しの

民間最終消費支出の伸びを基礎として、国民の消費動向や社会経済情勢を総合的に勘案して決定・改定されている（水準均衡方式）。

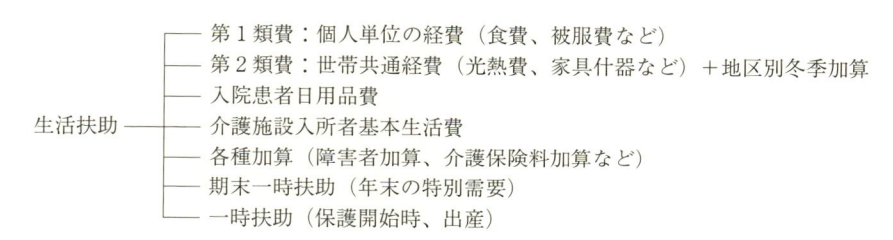

生活扶助 ─┬─ 第1類費（個人単位の経費（食費、被服費など））
　　　　　├─ 第2類費：世帯共通経費（光熱費、家具什器など）＋地区別冬季加算
　　　　　├─ 入院患者日用品費
　　　　　├─ 介護施設入所者基本生活費
　　　　　├─ 各種加算（障害者加算、介護保険料加算など）
　　　　　├─ 期末一時扶助（年末の特別需要）
　　　　　└─ 一時扶助（保護開始時、出産）

　また、地域の生活様式や物価差による生活水準の差を生活保護基準に反映させるために、級地制度（1級地1・2、2級地1・2および3級地1・2の6区分）が設けられている。
　この生活保護法による保護の基準は、健康で文化的な最低限度の生活をいとなむための最低生活費とみなされること、他制度においてもこの基準が用いられることなどから、生活保護制度の中心となるものである。

▶▶ (2)　生活保護費の算定

　生活保護費の支給額は、次の算定式によってきめられる。

◎保護費支給額＝最低生活費－収入認定額
　○最低生活費＝生活扶助＋住宅扶助＋教育扶助＋介護扶助＋医療扶助＋その他扶助
　○収入認定額＝就労による収入＋社会保障給付＋扶養義務者による援助＋その他の収入

　収入としては、就労による収入、年金など社会保障の給付、親族による援助のほかに、その他の収入として、交通事故の補償、預貯金、保険の払戻金、不動産などの資産の売却収入などが認定される。その所得や資産などの状態を把握するために資力調査（ミーンズ・テスト）がおこなわれる。

収入・資産については、その資力調査において一定程度までその保有を認めるべきで、このことが自立を支援することにつながっていくことにもなる。

また、生活保護は、権利にもとづくものだといっても、受給要件がきびしく、資力調査でスティグマ（汚名の烙印）がともなうことなどもあって、捕捉率（要保護者のうち、実際に保護をうけている人の比率）がひくく、20～30％程度であるとの試算もある。真に制度利用を必要とする者に利用しやすく、また漏れ（漏給）のないようにしなければならない。それには、ひろく一般の理解をうるための制度の

> ■満期保険金の収入認定■
> 最高裁平成16年3月16日第三小法廷判決（要旨）
> 1　生活保護法の趣旨目的にかなった目的と態様で保護金品等を原資としてされた貯蓄等は収入認定の対象とすべき資産にはあたらない。
> 2　被保護世帯において、最低生活を維持しつつ、子弟の高等学校修学のための費用を蓄える努力をすることは、生活保護法の趣旨目的に反しない。
> 3　被保護世帯において子弟の高等学校修学の費用に充てることを目的として加入した学資保険の満期保険金の一部について収入認定をし、保護の額を減じた保護変更決定処分は違法である。

ＰＲなども必要である。もっとも、不正受給など制度の悪用による濫給があってはならない。

▶▶▶ (3) 長期生活資金制度

2007年に、低所得の高齢世帯の居住用不動産を担保に生活資金を貸し付けるための「要保護世帯向け長期生活資金制度」（生保版リバース・モーゲージ）が創設された。これにより、一定評価額（おおむね500万円）以上の一定要件に該当する居住用不動産を所有している者は、生活保護に優先してこの貸付金の限度額まで貸付金を利用することとされた。実施主体は、都道府県社会福祉協議会である。これは近年における保護費の増大に対応するものであるが、その運用には慎重さが求められる。

5　被保護者の権利・義務

被保護者の権利・義務は、以下のとおりである。

(1) 被保護者の権利

① 不利益変更の禁止
　被保護者は、正当な理由がなければ、すでに決定された保護を不利益に変更されることがない。

② 公課禁止
　被保護者は、保護金品を標準として租税その他の公課を課せられることがない。

③ 差押禁止
　被保護者は、すでに給与をうけた保護金品またはこれをうける権利を差し押さえられることがない。

④ 不服申立て
　被保護者は、生活保護の決定に関して不服がある場合には、不服申立てをすることができる。この場合、市町村長が保護の決定・実施事務を福祉事務所長に委任した場合の審査請求は道府県知事にたいしておこなう。都道府県知事の裁決に不服がある者は、厚生労働大臣にたいして再審査請求をすることができる。

⑤ 訴訟
　審査請求にたいする裁決をへた後でなければ、処分の取消しの訴えを提起することができない。

(2) 被保護者の義務

① 譲渡禁止
　被保護者は、保護をうける権利をゆずりわたすことができない。

② 生活上の義務
　被保護者は、つねに能力におうじて勤労にはげみ、支出の節約をはかり、その他生活の維持・向上に努めなければならない。

③ 届出の義務
　被保護者は、収入・支出その他生計の状況について変動があったとき、または居住地・世帯の構成に異動があったときは、すみやかに、保護の実施機関または福祉事務所長にその旨を届け出なければならない。

④ 指示等にしたがう義務
　被保護者は、保護の実施機関が生活保護法の規定にもとづき、救護施設などへの入所などを決定したとき、または必要な指導・指示をしたときは、これにしたがわなければならない。また、保護施設を利用する被保護者は、保護施設の管理規定にしたがわなければならない。

⑤ 費用返還義務
　被保護者が、急迫の場合などにおいて資力があるにもかかわらず、保護をうけたときは、すみやかに、そのうけた保護金品に相当する金額の範囲内において保護の実施機関のさだめる額を返還しなければならない。

(3) 罰則

　不実の申請その他不正な手段により保護をうけ、または他人をしてうけさせた者は、3年以下の懲役または30万円以下の罰金に処せられる。

6　法外援護

　市町村は、生活保護法にもとづく給付以外に地域の人びとの現実の必要から、生活保護の受給世帯（被保護世帯）や受給世帯以外の生活困窮者にたいする給付をおこなっている。いわば、国法の上乗せ・横だしとておこなっている自治体独自の事業であり、生活保護法の対象外とされている事業であるので「法外援護」とよばれている。

　生活保護受給世帯にたいしては、保護基準をこえる生活費、保護対象外の医療費、学童服・運動着代、修学旅行支度金などがある。

　生活保護受給世帯以外の世帯にたいしては、生計をたてるのに必要な生活資金の貸付、医療費、旅費などがある。

　これらの事業に要する費用は、多額なものではないが、自治体の一般財源によって賄われることから、見直しがおこなわれている。

　また、これらの事業の根拠は、条例、規則、告示、要綱などまちまちである。あるいは、予算措置だけによっている自治体もある。いわゆる受益的な行為であるが、税の配分にかかわることであり、基本的には条例によるべきである。

7　ホームレス対策

　1990年代にはいり、ホームレスとなることを余儀なくされた者が多数存在するようになった。これらの人たちは、健康で文化的な生活をおくることができず、また、これらの人たちと地域社会とのあつれきが生じることもあった。そこで、2002年に、ホームレスに関する問題の解決に資するため「ホームレスの自立の支援等に関する特別措置法」が制定され、ホームレスの自立の支援、ホームレスとなることを防止するための生活上の支援などに関し、必要な施策を講ずることになった。ホームレスとは、「都市公園、河川、道路、駅舎その他の施設を故なく起居の場とし、日常生活を営んでいる者」であると定義されている（同法2条）。

　ホームレスの自立支援に関する施策の目標として、安定した雇用の場・就業の機会・居住の場所の確保、保健・医療の確保に関する施策および生活に関する相談・指導のほか、宿泊場所の一時的な提供、日常生活必需品の支給、生活保護の実施、ホームレスの人権擁護などがかかげられている。これらの目標事項について、国は総合的な施策を策定・実施することとし、自治体は地方の実情におうじた施策を策定・実施するものとされている（ホームレスの数⇒巻末資料参照）。

第 7 章　保健医療政策

【要　点】

1) 近年における中高年者の疾病では、長年にわたる不適切な生活習慣のつみ重ねからくる生活習慣病がふえている。この病気は、できる限りはやい段階から生活習慣をあらためることによって予防することが可能である。そこで、個々人にあっては、成年期・壮年期からの健康づくりが重要な課題となっている。
2) 健康づくり・保健医療対策では、乳幼児期（0歳〜5歳）→少年期（6歳〜17歳）→青・成年期（18歳〜39歳）→壮年期（40歳〜64歳）→高年期（65歳〜）というライフステージにおうじたものであることが重要である。
3) 長寿高齢社会にあっては、心身の自然の衰えからくる疾病もふくめて、疾病をもつ高齢者の増加にともない、国民医療費が増大している。そのため、医療保険制度の財政運営がむずかしくなり、市町村が保険者となっている国民健康保険では、財政赤字の状態がつづいている。
4) 高齢者の医療制度については、2008年4月から「後期高齢者医療制度」が実施されているが、おおきな矛盾・欠陥が明らかになり、はやくもその改革が緊急課題となっている。

1　健康づくり・疾病予防

(1)　疾病構造の変化

　日本では、急速な人口の高齢化がすすむなかで、主要な死因が結核などの感染症から悪性新生物（がん）、心疾患、脳血管疾患などの生活習慣病へと疾病構造がおおきく変化している（巻末資料参照）。生活習慣病とは、食事、運動、喫煙、飲酒などの生活習慣に起因する疾病である。不適切な生活習慣がつづくことにより、肥満、脂質異常症（高脂血症）、高血圧、糖尿病などの状態になり、無自覚なまま生活習慣病が発症・進行し、放置することによって重い症状となる。また、それが生活の質（ＱＯＬ）（※22）のいちじるしい低下につながっていく。そこで、病気が発症する前から生活習慣をかえることによって、疾病の発症や進行を予防することにむすびつけていくことが重要である。これまでの病気の早期発見・早期治療を重視する「二次予防」や疾病発症後の治療と機能の維持・回復をはかる「三次予防」とともに、生活習慣の見直しや生活環境の改善により病気の発生そのものを予防する「一次予防」が重視されなければならない。

(2)　健康日本21

　国においては、生活習慣病を予防し、国民の積極的な健康づくりをおこなう必要があることから、すべての国民が健やかで心豊かに生活できる活力ある社会とすることを目的として、「21世紀における国民健康づくり運動」（健康日本21）に取り組んできている。だが、国は問題提起にとどまり、具体的にはとくに基礎自

※22　生活の質
　生活の質（クオリティ・オブ・ライフ）の「質」は、内容・中身の意味であり、生活の質をきめる要素として、心身の健康、安心・安全、充実感・満足感、希望などが考えられる。

治体としての市町村さらに市民活動の創意による政策づくりがなくては実効性あるものとならない。

　この取り組みは、寝たきりや認知症などにより要介護状態にならずに、健康に生活できる期間（健康寿命）（※23）をより長くすることや生活の質の向上を目ざして、2010年を目途とした次にあげる9分野にわたる数値目標がかかげられている。これらの目標は、個々人の健康づくり・疾病予防においても参考となろう。

1) 栄養・食生活⇒適正体重を維持している人の増加、食塩摂取量の減少（1日10g未満）、野菜の摂取量の増加（1日350g以上）など
2) 身体活動・運動⇒意識的に運動を心がけている人の増加、日常生活における歩数の増加（男9,200歩以上・女8,300歩以上）、運動習慣者の増加など
3) 休養・こころの健康づくり⇒十分な睡眠の確保、自殺者の減少など
4) たばこ⇒喫煙が及ぼす健康影響の十分な知識の普及、未成年者の喫煙をなくすなど
5) アルコール⇒多量に飲酒する人の減少、未成年者の飲酒をなくすなど
6) 歯の健康⇒幼児期・学齢期の虫歯予防、成人期の歯周病予防など
7) 糖尿病⇒成人の肥満者の減少、糖尿病有病者の減少など
8) 循環器病⇒食塩摂取量の減少、カリウム摂取量の増加、高血圧の改善など
9) がん⇒たばこ対策の充実、野菜摂取量の増加、がん健診の受診者の増加など

※23　健康寿命
　世界保健機構（WHO）の「2003年世界保健報告」によれば、日本人の平均寿命が男性78.4歳、女性85.3歳、健康寿命では、男性72.3歳、女性77.7歳となっている。いずれも世界一となっているが、この数値からの平均寿命と健康寿命の差は、男性6.1歳、女性7.6歳となっている。

▶ (3) 健康増進対策

　国民の健康づくりおよび疾病予防の推進にむけた法的な基盤を整備するため、「健康増進法」が制定され、2003年から施行された。同法の目的は、国民の健康増進の総合的な推進に関し基本的な事項をさだめるとともに、国民の健康増進をはかるための対策を講じることである。

① 関係機関の責務
　自治体・国は、健康増進に関する正しい知識の普及、情報の収集・整理・分析・提供や関係者にたいする必要な技術的援助に努める。
　医療保険者・市町村は、地域の人びとの健康増進事業の積極的な推進につとめ、他の関係機関と相互に連携・協力する。

② 総合的・計画的な健康増進対策
　市町村は、地域の人びとの健康増進に関する施策についての計画（市町村健康増進計画）をさだめるよう努めなければならない。この計画の策定にあたっては、厚生労働大臣のさだめる基本方針および都道府県のさだめる健康増進計画を勘案することとされているが、市町村にはこれまでの実績を生かし、市民参加による計画の策定・改定とその推進が求められる。

③ 生涯をつうじた保健事業
　従来の保健事業は、母子保健、学校保健、産業保健、高齢者保健など対象者別にばらばらに実施されてきた。これでは、個々人の生涯をつうじた健康管理に生かされないという問題が指摘され、誕生→入学→就労→退職→死亡という一生涯をつうじて、個人が自分の健康管理に積極的に取り組める条件整備が必要とされていた。そこで、各保険者・市町村の保健事業の実施基準などは、厚生労働大臣が健康診査の実施などについてさだめる指針と調和がとれたものでなければならないものとされている。
　市町村は、高齢者保健・母子保健の実施者および国民健康保険の保険者として、地域の人びとが生涯をつうじた健康管理をおこなえるような保険事業をおこなっていかなければならない。

④　相談・保健指導

　市町村は、地域の人びとの栄養・食生活にかぎらず、さまざまな生活習慣の改善に関する相談や保健指導におうじなければならない。

⑤　受動喫煙の防止

　学校、官公庁施設など多数の者が利用する施設を管理する者は、受動喫煙（室内またはこれに準ずる環境において、他人のたばこの煙を吸わされること）を防止するために必要な対策を講ずるよう努めなければならない。喫煙者がすい込む主流煙よりも、たばこの点火部から立ちあがる副流煙のほうが有害物質がおおいといわれている。最近になって、自治体を中心に禁煙対策が積極的に取り組まれるようになっている。

2　健康保険

(1)　医療保険制度

　日本の医療保険制度は、国民がいずれかの公的な医療保険に必ず加入する（強制加入）ことになっている（国民皆保険制度）。医療保険は、加入者の疾病、負傷、出産または死亡に関して必要な保険給付をおこなうことを目的とした支え合いの仕組みである。

　医療保険制度には、職域保険（被用者保険＝社保）として、健康保険、船員保険（疾病部門）および共済組合（短期給付）があり、地域保険として国民健康保険（国保）および後期高齢者医療制度がある。なお、国民健康保険には、同種の事業・業務に従事する者（弁護士、税理士、建設業など）で組織する国民健康保険組合によるものがある。

　このように日本の医療保険制度は、分立しており、保険料や付加給付などに格差などがあることから制度の一本化がおおきな課題となっている。

<日本の医療保険制度>

制　　　度		保険者	被保険者（加入者）
健康保険	組合管掌健康保険	健康保険組合	大企業の被用者など
	協会管掌健康保険	全国健康保険協会	中小企業の被用者など
船員保険（疾病部門）		政府（国）	船員
共済組合 （短期給付）	国家公務員共済組合	国家公務員共済組合	国家公務員
	地方公務員共済組合	地方公務員共済組合	地方公務員
私立学校教職員共済制度		日本私立学校振興・共済事業団	私立学校教職員
国民健康保険	市町村国民健康保険	市町村	自営業者など
	国民健康保険組合	国民健康保険組合	医師・歯科医師・薬剤師・弁護士・税理士など
	前期高齢者医療制度	市町村	65歳～74歳の者
高齢者医療	後期高齢者医療制度	後期高齢者医療広域連合	75歳以上の者および65歳～74歳の障害者

▶▶▶ **(2) 市町村国民健康保険**

① 保険者

　市町村国民健康保険（以下「市町村国保」という）は、居住地域の市町村を単位として適用され、その地域の自営業者などを対象としているので、地域保険とよばれる。これにたいして、健康保険などは、事業所を単位として適用し、その事業所で使用されている人（被用者）を対象としているので、職域保険または被用者保険と

■「政管健保」から「協会けんぽ」へ■
　社会保険庁がおこなってきた政府管掌健康保険（政管健保）は、2008年10月から新たに公法人として設立された全国健康保険協会が「協会けんぽ」として運営している。なお、2010年には、日本年金機構が設立され、年金管理への国民的批判があって、社会保険庁は廃止される。

よばれる。市町村は、地域保険としての国民健康保険事業をおこなう保険者である。

② 被保険者

　市町村国保の加入者である被保険者は、当該市町村の区域内に住所を有する者で、商業・農業・漁業などの自営業者とその扶養家族、パート・アルバイトなどで健康保険に加入していない者、退職などにより健康保険の加入者でなくなった者などである。被保険者には、被保険者であることの証明書である国民健康保険被保険者証が交付され、医療をうけるときに医療機関の窓口に提示する。なお、生活保護受給者は、医療扶助をうけることができ、国民健康保険の被保険者になれない。

③ 保険給付

　市町村国保では、被保険者の疾病、負傷、出産または死亡に関し必要な給付がおこなわれる。保険給付には、診療、薬剤、手術その他の治療などの医療そのものを給付する「現物給付」と出産育児一時金、葬祭費などの「現金支給」とがある。また、市町村は、国民健康保険法にさだめられている給付（法内給付）のほか、条例などにもとづいて独自の給付（法外給付）もおこなっている。

④ 一部負担金

　被保険者は、医療をうけたとき、年齢などにおうじた一定割合を一部負担金（※24）として支払わなければならない。また、入院したときは、食費の一部負担がある。なお、一部負担金が高額になり、所得区分におうじた限度額をこえたときは、こえた額について高額療養費として、払い戻しをうけられる。

※24　一部負担金
- 75歳以上⇒1割負担（現役並み所得者は3割負担）
- 70歳以上75歳未満⇒2割負担（現役並み所得者は3割負担）
- 義務教育就学後から70歳未満⇒3割負担
- 義務教育就学前⇒2割負担

⑤ 費用負担

ア 保険料（税）

　保険者は、国民健康保険事業に要する費用にあてるため、世帯主から国民健康保険料を徴収しなければならないとされているが、これによらず、地方税法にもとづく国民健康保険税を課すことができる。制度の発足当初は、保険料および一部負担金で事業経費を賄うものとされていたが、保険料の徴収状況がよくなかったことから、1951年に国民健康保険税が創設され、現在では、約9割の市町村が「税」方式によっている。ところで、税は、無償かつ強制的に徴収されるが、保険料は、その納付の対価として保険事故が発生した場合に保険給付をうけるものであるから無償とはいえない。国民健康保険「税」といっても、いわばその納付の対価として病気などの保険事故が発生したときに保険給付をうけるものであるから、その本質は、保険「料」であり、徴収上の便宜から税の形式をとっているのである（※25）。

　保険料（税）は、その年度の医療費の推計総額から国の負担金などを差し引いた額が各世帯に割りあてられ、所得割、資産割、均等割および平等割の4つのなかの組合せによって、一世帯当たりの年間保険料（税）が決定される。

　保険料（税）の納付義務者は、各世帯の世帯主で、市町村が決定した年間保険料（税）をきめられた納期までに納めなければならない。

　国民健康保険料（税）を滞納すると、滞納期間におうじて、保険証の返還・資格証明書の交付、全額払い、保険給付の一時差止めのほか財産差押えなどがおこなわれる。

※25　国民健康保険料の性質
　国民健康保険条例に支払い保険料が明示されていないのは、租税法律主義に反するとして争われた裁判で、最高裁大法廷は「国保料は、租税ではなく、憲法84条は直接適用されないが、税に似た性質を有しており、同条の趣旨が及ぶ」と判示している（平成18年3月1日判決）。

<保険料の算定基準>

所得割	その世帯の所得におうじて算定
資産割	その世帯の資産におうじて算定
均等割	加入者1人当りの金額で算定
平等割	1世帯当りの金額で算定

イ　国・都道府県の負担

　国・都道府県は、市町村にたいし、療養の給付や高額医療費などの支給に要する費用の一定割合を負担・補助することとされている（国の34％負担など）。

ウ　一般会計繰入金

　市町村は、一般会計から法定の繰入れをおこなっているが、本来、医療費の50％をまかなうべき保険料（税）の引きあげが困難なことから赤字を補てんするために法定外の繰入れもおこなっている。この法定外の繰入れが一般会計を圧迫している。市町村国保は、加入者の平均年齢がたかいことから医療費が増大しており（巻末資料参照）、また、所得がひくいという構造的な問題から、他の医療保険制度との間に保険料負担などで格差・不公平が生じている。そこで、都道府県単位を基本とした保険者の再編・統合が課題となっている。

エ　前期高齢者納付金・退職者給付拠出金

　前期高齢者の医療費については、保険者間の負担の不均衡を調整するため、前期高齢者加入率のひくい健康保険組合などが「前期高齢者納付金」を負担することとされている。また、高齢者医療制度の創設にともない退職者医療制度は廃止されたが、2014年度まで経過措置として存続することになっており、引きつづき健康保険組合などが「退職者給付拠出金」も負担することになっている。

3　高齢者の保健医療

(1)　保健医療制度の改正

「老人保健法」は「高齢者の医療の確保に関する法律」として全面改正され、改正法が2008年4月1日から施行された。

この改正法は、国民の高齢期における適切な医療の確保をはかるため、医療費の適正化を推進するための計画の作成、保険者による健康診査などの実施、前期高齢者にかかる保険者間の費用負担の調整および後期高齢者にたいする適切な医療の給付などに必要な制度をもうけることを目的としている（同法1条）。基本理念として、次の2つがかかげられている（同法2条）。

1) 国民は、自助と連帯の精神にもとづき、みずから加齢にともなって生ずる心身の変化を自覚して、つねに健康の保持増進に努めるとともに、高齢者の医療に要する費用を公平に負担するものとする。
2) 国民は、年齢、心身の状況などにおうじ、職域・地域・家庭において、高齢期における健康の保持をはかるための適切な保健サービスをうける機会をあたえられるものとする。

(2)　高齢者保健事業

従来、老人保健法にもとづいておこなわれていた保健事業（一般保健事業）は、健康増進法にもとづく事業と高齢者の医療の確保に関する法律にもとづき各医療保険者がおこなう特定高齢者健康診査・保健指導に分れた。このうち、一般保健事業の健康教育・健康相談が一次予防、特定高齢者健康診査・保健指導が二次予防、一般保健事業の機能訓練・訪問指導が三次予防にあたる。健康手帳は、これらの間をつなぐ役割をもっている。

① 一般保健事業

　市町村は、健康増進法にもとづき、次にあげる保健事業を実施する。

<保健事業の種類>

事業名	事 業 内 容
健康手帳の交付	健康診査の記録など中高齢期における健康保持のために必要な事項を記載し、各人の健康管理と適切な医療の確保に役だてるため交付する。
健康教育	心身の健康についての自覚をたかめ、また心身の健康に関する知識をひろめ・たかめるための指導・教育をおこなう。
健康相談	心身の健康について、相談におうじ、指導・助言をおこなう。
機能訓練	疾病、負傷などにより心身の機能が低下している者にたいし、その維持回復をはかり、日常生活の自立を助けるための訓練をおこなう。
訪問指導	心身の状況・おかれている環境などから療養上の保健指導が必要であると認められる者について、保健師その他の者を訪問させて指導をおこなう。

② 特定健康診査・特定保健指導

　生活習慣病の有病者やその予備軍が増加し、死亡者の3分の1が生活習慣病に起因するものと推計されている。生活習慣病は、生活習慣を変えることによって予防が可能であることから、生活習慣病の予防を重視して、従来、市町村が実施してきた一般的な健診（基本健康診査）を変更して、40歳から74歳までの者には、各医療保険者がその加入者に特定健康診査と特定保健指導を実施することになった。また、後期高齢者（75歳以上）については、後期高齢者医療広域連合が実施することになっている。

　特定健康診査は、メタボリック・シンドローム（※26）に着目した健診であり、従来の健診項目に腹囲（へそ周り）の測定がくわわる。特定健康診査の結果から生活習慣病の発症リスクの程度におうじて、特定保健指導として個別指導やグループ面接などにより生活習慣を見直すサポートがおこなわれる。なお、後期高齢者について、市町村において本人の求めにおうじて健康相談などの機会を提供できる体制を確保することとされている。

▶▶▶ (3) 後期高齢者医療制度

　高齢者の医療制度については、前期高齢者（65歳～74歳）と後期高齢者（75歳以上）にわけて、新たに後期高齢者医療制度が設けられ、2008年4月1日からスタートしている。後期高齢者医療制度は、75歳以上の者全員および一定の障害をもつ前期高齢者が加入する独立保険である。「後期高齢者」とすることへの批判をかわすために「長寿医療制度」とよぶことにしているが、法律上の正式名称は「後期高齢者医療制度」である。

　保険者は、都道府県内のすべての市町村（特別区をふくむ）が加入する広域連合（後期高齢者医療広域連合）である。

　保険給付に要する費用の財源は、患者の自己負担を除く保険給付費用の5割を公費（国・都道府県・市町村）、4割を被用者保険などの各医療保険者からの支援金（後期高齢者支援金）で賄い、1割を加入者の保険料負担としている。保険料は、都道府県ごとの定額とし、基本的には加入者の年金から天引きする仕組みである。保険料の額は、被保険者に均等に賦課される「均等割額」と所得におうじてきめられる「所得割額」の合計額である。

　後期高齢者医療制度については、年齢による差別、保険料負担の増大、制度の説明不足などおおきな問題を生じさせているため、その改廃が国民的議論となり、その改革が緊急課題である。

※26　メタボリック・シンドローム
　　メタボリック・シンドローム（内臓脂肪症候群）とは、内臓に脂肪が蓄積する肥満であって、複数の症状をあわせもっている状態をいう。その診断基準は、腹囲（へそ周り）が男85cm以上・女90cm以上にくわえて、脂質異常症（高脂血症）、高血圧および糖尿病のうち2つ以上に該当することとなっている。なお、日本における肥満の基準は、ＢＭＩ（Body Mass Index：肥満指数）が25以上である（ＢＭＩ＝体重（kg）÷身長（m）の2乗で計算し、18.5～25未満が「普通」、18.5未満が「低体重」、25以上が「肥満」）。

<後期高齢者医療制度の費用負担>

一部負担金 （1割・3割）	医　　療　　費	
::::	国・都道府県・市町村の公費負担（5割）	
::::	保険料（1割）	後期高齢者支援金（4割）
::::	給　　付　　費	

▶▶▶ (4) 前期高齢者医療制度

　前期高齢者医療制度は、従来の退職者医療制度に代わるもので、独立した制度ではない。この制度は、前期高齢者を対象とした被用者保険と市町村国保との間における医療費負担の不均衡の調整をおこなうための枠組みとして設けられた。この制度によって、若年者の加入数のおおい健康保険組合などの被用者保険が前期高齢者の加入数のおおい市町村国保の財政支援のために「前期高齢者納付金」を負担する。被保険者は、前期高齢者になっても75歳に達するまでの間は現在加入の各医療保険者から療養の給付、高額療養費などの給付や保健事業を従来どおりうける。なお、65歳未満の退職者を対象とした従来の退職者医療制度は2014年度まで経過措置がとられる。

4 母子保健

(1) 健やか親子21

　日本では母子保健が世界の最高水準にあるとされているが、思春期の自殺・人工妊娠中絶、育児不安、小児救急医療の不足などの深刻な問題が生じている。そこで、国（厚生労働省）は、2010年にむけて母子保健の課題と指標・目標をしめした「健やか親子21」を2000年に策定し、この推進運動に取り組んできている。
　「健やか親子21」には、4つの主要課題と指標・目標が設定されている。たとえば、「思春期の保健対策の強化と健康教育の推進」の課題のもとに十代の自殺率（減少傾向へ）や十代の人工妊娠中絶実施率（減少傾向へ）などの指標・目標、「妊娠・出産に関する安全性と快適さの確保と不妊への支援」の課題では、産後うつ病の発生率（減少傾向へ）や産婦人科医・助産師の数（増加傾向へ）などの指標・目標がかかげられている。ここでも自治体は、「健康日本21」と同様に、地域特性をいかした政策・計画づくりの課題をもつ。

(2) 母子保健事業

　自治体・国は、母性および乳幼児の健康の保持・増進をはかるための施策が次にあげる3つの理念を具現するように配慮しなければならない（母子保健法1条～5条）。
  1） 母性は、すべての児童がすこやかに生まれ、かつ、育てられる基盤であることにかんがみ、尊重・保護されなければならない。
  2） 乳幼児は、心身ともに健全な人として成長していくために、その健康が保持・増進されなければならない。
  3） 母性は、みずからすすんで、妊娠・出産・育児についての正しい理解をふかめ、その健康の保持・増進に努めなければならない。また、乳幼児の保護

者は、みずからすすんで、育児についての正しい理解をふかめ、乳幼児の健康の保持・増進に努めなければならない。

なお、母子保健法における乳児および幼児の定義は児童福祉法と同じであるが、「妊産婦」は妊娠中または出産後1年以内の女子をいい、「新生児」は出生後28日を経過しない乳児をいうものとされている。

母子保健事業には、次のようなものがある。

＜母子保健事業＞

事 業 名	事 業 内 容
母子健康手帳の交付	妊娠・出産・育児・予防接種・健康診査などを記録するために、妊娠の届け出の時に交付する。
知識の普及	妊娠・出産・育児に関し、相談におうじ、個別的・集団的に必要な指導・助言をおこなう。また、母子保健に関する知識の普及に努める。
保健指導	妊娠・出産・育児に関し、妊産婦・その配偶者などにたいして、必要な保健指導をおこない、または医師・歯科医師・助産師・保健師の保健指導をうけることを勧奨する。
新生児の訪問指導	育児上必要があると認める新生児について、医師・保健師・助産師・その他の職員が当該新生児の保護者を訪問し、必要な指導をおこなう。
健康診査	満1歳6か月をこえ満2歳に達しない幼児および満3歳をこえ満4歳に達しない幼児にたいし、健康診査をおこなう。これ以外に必要におうじ、妊産婦・乳児・幼児にたいして、健康診査をおこない、または健康診査をうけることを勧奨する。
栄養の摂取援助	妊産婦・乳児・幼児にたいして、栄養の摂取につき必要な援助をする。
母子健康センターの設置	必要におうじ、母子健康センター（母子保健に関する各種の相談におうじ、母性・乳児・幼児の保健指導をおこない、あわせて助産をおこなう施設）を設置する。

第 8 章　福祉の担い手

【要　点】

1) 福祉の現場では、福祉の担い手として、実におおくの個人、団体・組織、事業者などが日々活動にたずさわっている。とくに、近年になって、福祉分野においてもＮＰＯやボランティアの活動が活発になり、また規制緩和のなかで民間事業者による事業も拡大している。これらの担い手は、福祉の実践に不可欠な人的資源であり、前章までにおいてのべてきた制度・サービスや施設などの物的資源とともに「社会資源」となるものである。

2) 今、介護職場では、短期間勤務の離職者がおおく、人材の確保がむずかしくなっている。人材難の最大の要因は、低賃金と重労働などの劣悪な勤務条件にあり、その抜本的な改革が緊急課題である。使命感をもった人たちにとって希望と働き甲斐のある職種・職場としていかなければならない。

3) 介護保険の導入時には「〇〇兆円」規模の成長産業と宣伝されたが、経営難から破綻する事業所もでている。なかには、不正行為をおこなった事業所もある。不正行為にはきびしく対処していかなければならないが、利用者の利益を損なうようなことがあってはならない。

4) 地域社会においては、市民・ボランティア・ＮＰＯなどの自立的な活動の活発化と専門熟度の底上げ、市民相互の助け合い、さらに市民・ボランティア、ＮＰＯ、施設、事業者および自治体行政組織などのネットワーク化が重要課題となっている。

　豊かで活力ある地域社会を築くうえで、こうした信頼・協調関係にもとづく「市民社会資本」（ソーシャル・キャピタル）とよばれるネットワークの構築がつよく求められる。

1　個人・公職者

(1)　市民・ボランティア

　市民は、自治体を形づくる主権者として、自治体政策の形成過程にとどまらず、政策実施さらに政策評価にいたるまで参加するようになってきている。

　また、地域でくらす市民は、地域社会の主役である。市民個人は、みずからの生活課題の解決にあたりながら、市民相互の協力によって解決できる課題に取り組んでいくような個人と社会との関係が望まれる。活力のある社会をきずくために、おおくの市民のボランティア活動への参加が求められる。

(2)　民生委員・児童委員

　民生委員・児童委員は、無報酬の公職で、地域における福祉活動で重要な役割をになっている。民生委員は、民生委員法にもとづいて、市町村の区域内に人口規模におうじた人数がおかれ、社会奉仕の精神をもって、つねに地域の人びとの立場にたって相談におうじ、必要な援助をおこなうことを任務としている。児童委員には、民生委員があてられ、子どもや妊産婦にたいする必要な援助・支援を任務とし、そのなかから児童福祉問題を専門に担当する主任児童委員が指名される（児童福祉法 16・17 条）。

　民生委員は、市町村の民生委員推薦会で選考がおこなわれ、都道府県知事に推薦される。都道府県知事は、その推薦された者について、都道府県の地方社会福祉審議会の意見をきいて、厚生労働大臣に推薦し、厚生労働大臣が委嘱する（民生委員数⇒巻末資料参照）。

▶▶▶ (3) 保護司

　保護司は、保護司法にもとづいて、法務大臣から委嘱をうけ、無報酬で、地域社会において、犯罪や非行をおこなった者のたち直りの援助や犯罪・非行の予防の相談におうじ、必要な助言・指導をおこなうなどの役割をになっている（全国で約49,000人）。保護司は、犯罪の予防に寄与する自治体の施策へ協力すべきものとされ、自治体は、その地域においておこなわれる保護司、保護司会及び保護司会連合会の活動にたいして必要な協力をすべきものとされている。
　保護司・保護司会は、学校、ＰＴＡ、地域組織などと連携して青少年の健全育成のための地域活動の取り組みなどにかかわっている。

2　法人・団体

<法人の分類>

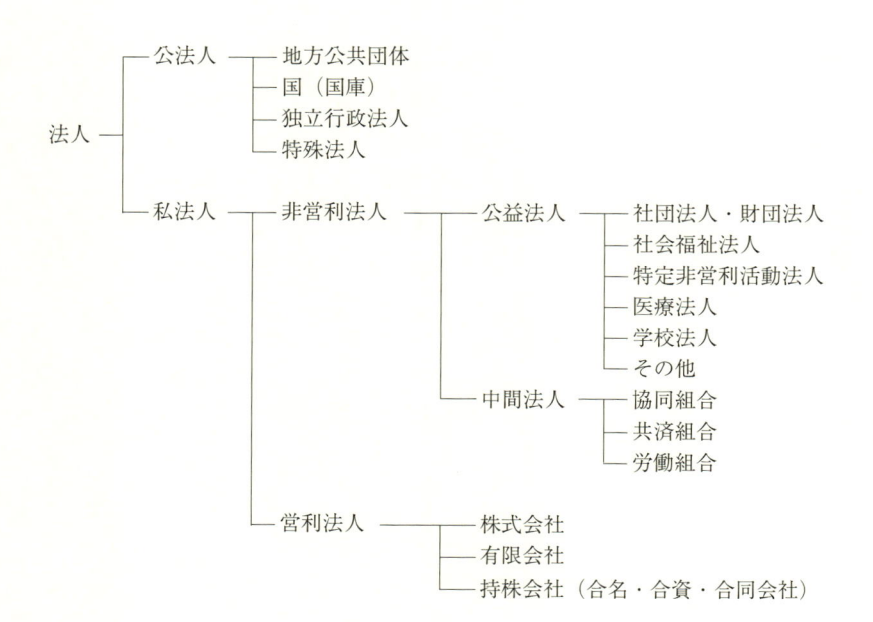

```
法人 ─┬─ 公法人 ─┬─ 地方公共団体
      │          ├─ 国（国庫）
      │          ├─ 独立行政法人
      │          └─ 特殊法人
      │
      └─ 私法人 ─┬─ 非営利法人 ─┬─ 公益法人 ─┬─ 社団法人・財団法人
                 │               │            ├─ 社会福祉法人
                 │               │            ├─ 特定非営利活動法人
                 │               │            ├─ 医療法人
                 │               │            ├─ 学校法人
                 │               │            └─ その他
                 │               │
                 │               └─ 中間法人 ─┬─ 協同組合
                 │                            ├─ 共済組合
                 │                            └─ 労働組合
                 │
                 └─ 営利法人 ─┬─ 株式会社
                              ├─ 有限会社
                              └─ 持株会社（合名・合資・合同会社）
```

(1) 社会福祉法人

① 社会福祉法人

　社会福祉法人は、社会福祉事業を目的として、都道府県知事の認可をうけて設立される法人で、おおくの社会福祉施設の設置・運営などをおこなっている（社会福祉法人数⇒巻末資料参照）。

　社会福祉法人は、社会福祉事業というきわめて公共性のたかい事業をおこなうことを目的にしているので、その設立・運営・監督などについての法的規制が厳格なものになっている。

　社会福祉事業には、第1種社会福祉事業と第2種社会福祉事業とがある。第1種社会福祉事業は、主に援護を必要とする者を施設に入所させ、そこで生活の大部分をいとなませることなどから、利用者個人の人権の尊重に重大な関係をもっている。したがって、一段とつよい規制と監督の必要性のたかいものであることから、自治体、国または社会福祉法人が経営することを原則としている。第1種社会福祉事業には、特別養護老人ホーム、母子生活支援施設、児童養護施設、知的障害児施設、肢体不自由児施設、知的障害者更生施設、知的障害者授産施設などの福祉施設を経営する事業などがある。また、第2種社会福祉事業は、人権尊重のうえで弊害のおそれが比較的すくないもので、老人デイサービスセンター、保育所、児童厚生施設、児童家庭支援センター、身体障害者福祉センター、知的

■法人の意義■
　法律上の人とは、私法上の権利義務の主体となることを認められたもので、自然人と法人をさす。私法上の権利義務を有するための資格を権利能力といい、法人格（法的人格）ともいう。
　自然人は、肉体をもった個人（人間）のことをいい、出生により当然に権利能力を有する（民法3条1項）。法人は、法律の規定によってのみ成立する（民法33条1項）。法人に権利能力を認めることは、人間の集団や財産の集合体の対外関係と体内関係を簡易に処理するための1つの法技術である。
　自治体は、法人とされているが（自治法2条1項）、これは財産上の権利義務の主体となる意味である。国については、財産上の権利義務の主体として国庫の語が用いられることがあるが、端的に国の語が用いられることもおおい（憲法17条・85条・88条など）。

障害者デイサービスセンターなどの福祉施設を経営する事業と居宅介護、短期入所、デイサービス、放課後児童健全育成、子育て短期支援、身体障害者の生活訓練等、知的障害者相談支援などの福祉事業がある。

社会福祉法人は、第1種社会福祉事業のみならず、第2種社会福祉事業についてもその中心的な担い手として、日本の社会福祉の発展におおきく貢献してきている。また、自治体との関係では、措置制度のもとにあっては措置事業の最大の委託先となっていたが、福祉施設の運営や措置事業以外の事業の受託などでも実績をつみ、ノウハウを蓄積している。自治体は、社会福祉法人と緊密な連携をはかりながら地域の福祉力をたかめていく必要があろう。なお、福祉サービスの提供が措置から契約にかわり社会福祉法人にも従来にましてきびしい経営努力が求められている。

> ■社会福祉法人制度の創設■
>
> 戦後改革において、GHQの社会福祉における国家責任・公私分離原則の提示、日本国憲法89条の規定およびシャウプ税制改革での公益法人の収益事業への新たな課税などのおおきな状況変化があり、民間社会福祉事業は財政的な困難に直面した。一方、当時の国民生活は極度に窮乏していたが、国はそれに対応するだけの十分な社会資源をもっていなかったため、戦前からおおきな役割をはたしてきた民間社会福祉事業に依存しなければならなかった。そこで、民間社会福祉事業を活用するために、憲法89条の規定に抵触しないで、公的助成をおこなうことができるように行政庁の監督権限を認めることにより「公の支配に属」するものとした社会福祉法人が創設された。
> 憲法89条⇒「…公の財産は、…公の支配に属しない慈善、…博愛の事業に対し、…支出し…てはならない。」

② 社会福祉協議会

社会福祉協議会は、市町村、都道府県および全国を単位とした組織がおかれ、いずれも社会福祉法人となっている。このうち市町村社会福祉協議会は、市町村の区域内における社会福祉目的の事業経営者や社会福祉活動をおこなう者により構成されるが、複数の市町村を区域として事業をおこなうこともできる。

社会福祉協議会の基本的な性格は、地域における社会福祉の推進をはかることを目的とした非営利の民間組織であり、このため事業者だけでなく社会福祉活動をおこなう者なども参加している。市町村社会福祉協議会は、地域福祉の推進を

はかるため、社会福祉を目的とする事業の企画・実施、社会福祉活動への市民の参加援助、社会福祉を目的とする事業の調査・普及・宣伝・連絡・調整・助成などをおこなうものとされている。

市町村社会福祉協議会は、地域福祉推進の中心的な役割をになうものとされ、市町村との間においても財政面・運営面で密接なかかわりをもっている。だが、自治体の仕事を肩がわりしている第2福祉部になっているのではないかとの批判もあり、たえざる改革が要請されているといえる。

また、都道府県社会福祉協議会は、第1章でのべた福祉サービス利用援助事業や運営適正化委員会などの重要な事業をおこなっている。

③　共同募金会

共同募金会は、共同募金事業をおこなうことを目的として設立された社会福祉法人である（社会福祉法113条）。共同募金会は、都道府県単位におかれ、毎年1回（10月1日～12月31日）、地域福祉の増進をはかるために寄付金の募集（「赤い羽根共同募金」）をおこなっている。都道府県共同募金会の連合会として、「社会福祉法人中央共同募金会」が連絡調整などをおこなっている。

この共同募金は、福祉分野で唯一の法律にもとづいておこなわれる民間最大の計画的な募金である。募金活動は、主に市町村の共同募金会支・分会をとおして、自治会・学校・企業や街頭などでおこなわれる。集まった募金は、都道府県共同募金会に集約され、社会福祉を目的とする事業を経営する者（社会福祉協議会、団体・グループ、社会福祉施設など）に配分される。このように共同募金会は、民間福祉活動の財源の主要な担い手であるが、募金実績（巻末資料参照）は、1995年以降は減少傾向にあり、募金の実施体制や使途の透明性などに課題をかかえている。

▶▶▶　(2)　社団法人・財団法人

従来、公益法人は、「公益に関する社団又は財団であって営利を目的としないものは、主務官庁の許可を得て」（改正前民法34条）設立されていた。この公益法人制度を改革するため、「一般社団法人及び一般財団法人に関する法律」（一般社団・財団法人法）および「公益社団法人及び公益財団法人の認定等に関する法律」（公

益法人認定法）が 2006 年 6 月に公布され、2008 年 12 月 1 日から施行された。

　この改革により、法人格の取得と公益の認定とがきり離され、主務官庁制が廃止された。法人格は、準則主義（登記）によって簡便に取得でき、公益認定は、独立した公益認定等委員会（内閣府）・合議制機関（都道府県）の関与のもとで内閣総理大臣または都道府県知事によっておこなわれる。

　一般社団・財団法人法および公益法人認定法の施行にともない民法34条は削除され、従来の民法法人は、新たな制度に移行することになるが、同法の施行から5年間の移行措置（特例民法法人）が設けられている。

① 社団法人

　社団法人は、一定目的のために結合した人の集団を基礎として設立された法人である（人の集合体）。

　市町村には、社団法人としてシルバー人材センターがある。シルバー人材センターは、高齢者等の雇用の安定等に関する法律にもとづいて、都道府県知事の指定をうけたもので、高年齢退職者の希望におうじた臨時的かつ短期的な就業や軽易な業務の機会を確保し、組織的に提供して、就業を援助することを目的としている。

　シルバー人材センターは、おおむね60歳以上の者を会員とし、その豊かな経験と知識・技能をいかして地域社会に貢献するとの理念のもとに、ひろい範囲にわたって仕事をうけ、会員に提供しているが、高齢者が高齢者をささえる家事援助事業などもおこなっている。

② 財団法人

　財団法人は、一定目的のために提供された財産を運営するために設立された法人である（財産の集合体）。

　市町村における代表的な財団法人として福祉公社がある。福祉公社は、自治体から提供される基本財産をもとに運営されることから財団方式がとられている。福祉公社は、本来、福祉サービスを有料で利用する利用会員、有償の福祉サービスの担い手である協力会員および金銭的な支援をおこなう賛助会員による会員制の互助組織であった。しかし、2000年の介護保険制度の導入に際して、ＮＰＯ法人

の設立などの動向から事業の見直しや社会福祉協議会への統合などもおこなわれている。

　公社事業としては、介護・家事援助サービスを中心にして、配食サービス、相談事業、介護者教室、教養・レクリエーション活動のほかに、資産を担保にした福祉サービス利用資金の融資（リバース・モーゲージ）をおこなっているところもある。また、自治体から福祉事業などの委託をうけているところもある。

　福祉公社以外にも、自治体が財団法人を設立して、介護老人保健施設などの運営や居宅介護支援事業にあたらせるところもある。

③　医師会・歯科医師会・薬剤師会

　医師会・歯科医師会が法人格をもつ場合には、社団法人の方式がとられている。

　医師会・歯科医師会は、それぞれ医学・歯科医学の発展と地域社会に貢献することを目的とした地域の医療機関の医師・歯科医師を会員とする団体である。医師会・歯科医師会所属の医師は、本来の医療業務のほかに、自治体の保健福祉関係の計画づくり、保健・医療・福祉の連携組織、介護認定審査会などへの参加をとおして、地域における福祉事業でも重要な役割をになっている。自治体と地域の医師会・歯科医師会との緊密な連携がはかられなければならない。

　また、地域には、任意団体として薬剤師会が組織されているが、医薬分業もすすみ、保健・医療・福祉のネットワークの一翼をになっており、自治体と薬剤師会の協力関係をつくりあげていく必要もある。

(3) 非営利法人

① 特定非営利活動法人

市民活動団体などからのつよい要望をうけて、1998年に「特定非営利活動促進法」（ＮＰＯ法）が制定・施行された。同法は、特定の非営利活動をおこなう団体に法人格をあたえることなどにより、ボランティア活動など市民がおこなう自由な社会貢献活動としての特定非営利活動の健全な発展を促進することを目的としている。同法にさだめる要件をそなえた市民団体は、都道府県知事の認証という簡易な手続きにより特定非営利活動法人（ＮＰＯ法人）となることができる（認証数等⇒巻末資料参照）。法人は、任意団体とは異なり、法律上の権利能力をもち、財産の所有や契約も団体名義でおこなうことができる。したがって、法律上の責任問題などが発生した場合には、代表者個人の責任ではなく、団体としての法人が責任を負うことになる。

特定非営利活動として、保健・医療・福祉の増進をはかる活動、児童の健全育成をはかる活動などをふくめて17種類がさだめられている。福祉活動のＮＰＯ法人のおおくが、介護保険の対象サービスの提供のみならず、対象外サービスの提供もおこない両者の組みあわせなどによって利用者のニーズにきめ細かに対応している。

自主的・自発的な市民活動が自治の原点であり、自治体としてもＮＰＯ法人の自主性・独立性を尊重しながら、介入・指導ではなく、協力関係をつくっていかなければならない。

また、法人格を取得していないが、地域に密着した自由な市民活動もあり、それらの活動と自治体との協力関係をつくることも大事である。この自由な市民活動があって、自治体は活力をますことになる。

■ＮＰＯ■
ＮＰＯ＝non-profit（非営利的な）organization（組織・団体）

福祉・保健・医療、教育、環境、文化、まちづくり、国際協力などのさまざまな社会貢献活動をおこなう非営利の民間組織をいう。この組織の特徴として、利潤を分配しないこと（非営利）、政府の一部ではないこと（非政府）、自治にもとづく組織運営、自発的な参加などがあげられている。

② 消費生活協同組合
　消費生活協同組合（生協）は、組合員の生活の文化的・経済的改善をはかることを目的とした相互扶助の法人組織である。生協には、地域生協、職場生協、医療生協などがある。
　消費生活協同組合のおこなう事業は、店舗の経営や生活物資の購入・供給をはじめとして、災害事故の共済、医療、社会福祉サービスなどさまざまな分野にわたっている。
　地域生協や医療生協では、介護保険対象の訪問介護・訪問看護事業など地域に根ざした活動も積極的におこなっている。これは、ひろく市民活動の形態とみてよいであろう。

③ 農業協同組合
　農業協同組合は、農業経営者の協同組合で、法人格をもっている。組合事業として、医療施設や老人福祉施設の設置・運営をおこなうこともできる。

④ 医療法人
　医療法人は、病院・診療所（※27）または介護老人保健施設を開設しようとする社団・財団が、都道府県知事の認可をうけて設立する。病院・診療所は、介護保険の対象サービスとして居宅療養管理指導、訪問看護、通所リハビリなどをおこなっている。また、介護と連携した在宅医療にも取り組んでおり、保健・医療・福祉の連携の一翼をになっている。

※27　病院・診療所
　病院は、医師または歯科医師が公衆または特定多数人のため医業または歯科医業をおこなう場所であって、20人以上の患者を入院させる施設をもっているものである。診療所は、医師または歯科医師が公衆または特定多数人のため医業または歯科医業をおこなう場所であって、患者を入院させるための施設をもっていないものまたは19人以下の患者を入院させるための施設をもっているものである（医療法1条の5）。

(4) 営利法人

営利法人は、営利を直接の目的とした法人であり、株式会社や有限会社などである。営利法人は、資本主義社会においては不可欠の存在であり、営利事業をとおして社会の発展に寄与している。規制緩和のすすむなかで、営利法人も福祉分野では介護や保育などの公共部門に参入し、効率的な事業運営で実績をあげている。だが、不正行為をおこなう法人事務所も目立つようになっており、これにはつよい規制を必要とする。

3 行政機構

(1) 福祉事務所

福祉事務所は、社会福祉に関する自治体の専門機関で、社会福祉行政の第一線の現業機関である。都道府県および市は、条例により福祉事務所を設置しなければならない。町村は、任意設置であり、一部事務組合または広域連合を設けて、福祉事務所を設置することもできる。

福祉事務所の担当事務は、生活保護法、老人福祉法、児童福祉法、身体障害者福祉法、知的障害者福祉法などにさだめられている援護・育成・更生などに関することである。

福祉事務所には、所長、現業事務の指揮監督を担当する所員、要援護者などの面接・調査、生活指導などをおこなう現業の所員(ケースワーカー)として社会福祉主事および庶務担当の事務職員がおかれる。現業所員は、社会福祉主事としておかれる。福祉事務所の事務処理は、現場にちかいところでの裁量・決定を必要としていることなどにより、通常、福祉事務所の所長が自治体の長からその権限を委任され、対外的にも所長名で事務処理をおこなっている。

なお、近年になって福祉事務所の事務は、複雑・多様化し、事務量も非常におおくなっていることから、その見直しが課題となってきた。そこで、自治体では、

福祉担当部を福祉事務所とするような組織機構での工夫がされている（大福祉事務所制。福祉担当部長が福祉事務所長を兼務）。

▶▶▶ (2) 児童相談所

児童相談所（児相）は、都道府県・指定都市に設置するほか政令で指定する市も設置することができる。児童相談所は、主に次のような業務をおこなう。
1) 市町村が実施する児童・妊産婦の福祉の業務に関し、市町村相互間の連絡調整、情報提供その他必要な援助などをおこなうこと。
2) 児童・妊産婦の福祉に関し、市町村の区域をこえた広域的な見地から、実情把握に努めること。
3) 児童に関する家庭その他からの相談のうち、専門的な知識・技術を必要とするものにおうずること。
4) 児童・その家庭につき、必要な調査と医学的・心理学的・教育学的・社会学的・精神保健上の判定をおこない、この調査・判定にもとづいて必要な指導をおこなうこと。
5) 児童の一時保護をおこなうこと。

児童相談所には、一般行政職員のほかに、医師、児童心理司、児童福祉司などの専門職員がおかれている。

▶▶▶ (3) 保健所

保健所は、都道府県・指定都市・中核市その他政令で指定された市・特別区におかれ、福祉との関連では主に次のような事項につき、企画・調整・指導などをおこなっている。
1) 地域保健に関する思想の普及・向上に関する事項
2) 人口動態統計その他地域保健の統計に関する事項
3) 栄養改善・食品衛生に関する事項
4) 医事・薬事に関する事項
5) 保健師に関する事項

6) 母性・乳幼児・老人保健に関する事項
7) 歯科保健・精神保健に関する事項
8) 特殊疾病により長期療養を必要とする者の保健に関する事項
9) その他地域住民の健康の保持・増進に関する事項

　また、都道府県設置の保健所は、所管区域内市町村の地域保健対策の実施に関し、市町村間の連絡調整をおこない、市町村の求めにおうじ、技術的助言・市町村職員研修その他必要な援助をおこなうことができる。

　保健所には、所長（医師）のほかに医師、歯科医師、薬剤師、獣医師、保健師、助産師、看護師、管理栄養士などの専門職員がおかれる。

▶ (4) 内部組織機構

　自治体の組織機構は、自治体計画にもとづいた政策を総合的・効率的に推進できるものでなければならない。組織のスリム化、フラット化をすすめるなかで、いかに総合的・効率的に政策を推進できるかという観点からの組織の再編が求められる。

　福祉分野では、市民参加の拡大、非営利団体との連携、福祉・保健・医療の統合、民生委員・児童委員などとの協力体制の強化がはかられるものでなければならない。

　ここで、附属機関と私的諮問機関にふれておく。

　自治体は、法律・条例にさだめるところにより、執行機関の附属機関として審査・諮問・調査のための審議会・調査会などの機関をおくことができる。また、いわゆる長の私的諮問機関として委員会・協議会などがおかれることもおおい。福祉部門においても、市民の意見や専門的な知見を反映させるために、附属機関や私的諮問機関がおかれている。福祉分野の附属機関には、法律にもとづくものとして児童福祉審議会、青少年問題協議会などがあり、また、条例にもとづくものとして児童館運営審議会、介護保険運営協議会などがある。長の私的諮問機関には、各種福祉計画の策定委員会、特定課題の検討会などがある。これらの附属機関や私的諮問機関については、重複・競合する審議会・委員会などの統廃合、公募などによる一般市民委員の選任、会議・運営方法などの透明性の向上などがはかられなければならない。

4 専門職・自治体職員

(1) 専門職

　福祉現場では、おおくの専門的な知識・技術をもつ人たち（専門職）が仕事にたずさわっている。質のよいサービスはこれら専門的な知識・技術をもつ人材によってきまる。
　専門職の職種には、業務独占（試験合格・免許取得者だけが特定の業務をおこなうことができること）や名称独占（試験合格・免許取得・登録者などだけが特定の名称を使用することができること）が認められているものがある。
　業務独占では、無資格者が特定の名称を使用し、特定の業務をおこなうことを禁じられ、名称独占では、無資格者が特定の名称を使用することを禁じられている。いずれも、それぞれの専門職の根拠法にさだめられている。とくに、業務独占は、専門性がたかく、自由化により社会的危険が生じやすい場合などに認められている。また、職種によっては任用資格を必要とする。任用資格とは、一定の職種に任用される要件をみたしていることである。
　専門職種の人材育成においては、専門教育機関の役割がおおきいが、必要とする人材確保のためには賃金（報酬）と勤務時間の抜本的な改善を必要としている。

<専門職種>

職　名	資格取得	業　務　内　容	根拠法
医師・歯科医師	試験合格・登録免許	医療・保健指導	医師法・歯科医師法
薬剤師	試験合格・登録免許	調剤・医薬品の供給その他薬事衛生	薬剤師法
保健師・看護師	試験合格・登録免許	保健師⇒保健指導など　看護師⇒傷病者などの療養上の世話・診療の補助	保健師助産師看護師法
理学療法士（PT）・作業療法士（OT）	試験合格・登録免許	理学療法士⇒理学療法（治療体操・マッサージなど）　作業療法士⇒作業療法（手芸・工作など）	理学療法士及び作業療法士法
栄養士・管理栄養士	栄養士⇒養成施設修了・登録免許（都道府県知事）　管理栄養士⇒試験合格・登録免許（厚生労働大臣）	栄養士⇒栄養の指導　管理栄養士⇒高度の専門的知識・技術を要する栄養指導、栄養改善指導など	栄養士法
社会福祉士・介護福祉士	社会福祉士⇒試験合格・登録　介護福祉士⇒指定学校等修了または試験合格・登録（2012年度から試験・登録のみ）	社会福祉士⇒障害者などの福祉に関する相談・助言・指導　介護福祉士⇒障害をもつ者の入浴・排せつ・食事などの介護と介護者への介護指導	社会福祉士及び介護福祉士法
精神保健福祉士	試験合格・登録	精神障害者の相談・助言・指導・日常生活訓練など	精神保健福祉士法
言語聴覚士（ST＝speech therapist）	試験合格・登録免許	音声機能・言語機能・聴覚機能に障害のある者に言語訓練や必要な検査・助言・指導など	言語聴覚士法
保育士	指定養成施設卒業または試験合格・登録	児童の保育および児童の保護者にたいする保育指導	児童福祉法

(次頁へ)

（前頁から）

介護支援専門員（ケアマネジャー）	介護支援専門員実務講習の修了・登録	要介護者などからの相談、ケアプランの作成、市町村・事業者・施設などとの連絡調整など	介護保険法
訪問介護員（ホームヘルパー）	1級から3級までの養成研修	高齢者・障害者の家庭を訪問、介護・家事援助・介護に関する相談・助言など	—
児童厚生員	一定資格をもつ者のうちから任用（任用資格）	児童に遊びを指導	（児童福祉施設最低基準38条）
児童福祉司	養成学校卒業者・社会福祉士などのうちから任用（任用資格）	児童相談所において児童の保護・その他福祉に関し相談・指導など	児童福祉法
社会福祉主事	大学等で所定科目を修めた卒業者、養成機関等の修了者、社会福祉士などのうちから任用（任用資格）	福祉事務所において、福祉六法にさだめる援護・育成・更生に関する事務	社会福祉法

注）巻末資料参照⇒医師、歯科医師、薬剤師、社会福祉士および介護福祉士の数

▶▶▶ (2) 自治体職員

　自治体職員は、福祉政策・計画づくりとその推進でおおきな役割をになっている。とくに、市町村においては、福祉部門の職員数が最もおおいが（職員数⇒巻末資料参照）、職員一人あたりの市民数が160人～170人の時代にはいっている。
　ひとり一人の職員が主権者・納税者としての市民から求められている人材（人財）になっていかなければならない。

① 求められる人材
　自治体行政機構は、自治体職員によって組織されている。組織は、人なりであり、人材の有無と多寡によって自治体の福祉政策の水準がきまる。したがって、職員人材の確保・育成・活用が重要課題である。そのために、あらゆる機会をとらえた多様な研修の推進、自治体間や関係団体・組織との人事交流、保育・介護・保健などの資格ないし知識経験をもつ退職職員の相談業務での活用などを積極的にすすめることが必要である。
　ところで、職員人材とは、従来の管理型・体制順応型職員でなく、政策思考型・改革型職員である。そのために必要な資質と能力が自治体職員に求められている。

② 職員の資質
　資質は、職員がみずからの内に秘めそなえたもので、外面から見えにくく、先天的な要素がつよいとはいえ、知識と経験によって養い、鍛えることができる。資質として、次の三つをあげておきたい。
　1）　倫理観（身の潔さ）
　　　自治体職員は、市民の信託にもとづいて仕事をおこなっているのであるから、それに応えるだけのたかい倫理観を確立しておかなければならない。職員には、身辺に市民の疑惑をまねくことのないよう身の潔癖さが求められる。すべての自治体職員が、市民の信託に背くような行為をしてはならないことは当然の理である。

2)　使命感（熱い思い）

　　自治体職員は、むずかしいと思われる仕事であっても、なさねばならないという使命感となしとげようとする情熱とをもっていなければならない。「やる気」といってもよい。自治体の現場では、往々にして解決が困難と思われる問題に直面することがあるが、熱い思いをもって事にあたっていくと、おのずと道はひらけてくるものである。そのためには、問題を真正面からうけとめて逃げないこと、途中で投げ出さないこと、できなかったことの言い訳をしないことである。

3)　人権感覚（暖かい心）

　　市民は、主権者・納税者であるとともに、行政サービスを利用する権利主体である。自治体職員には、とぎすまされた人権感覚が必要であって、それは、人間性にふかく根ざすものであるから、職員には暖かい心を必要とする。

③　職員の能力

　能力とは、事をなしとげる力であって、そのかたちが目に見えるものであり、自学自習を基本として、自主的・主体的な研究・研修により蓄積すべきものである。意欲があれば能力はついてくるものである。ここでは、基礎力・総合力にささえられる政策力について次の3点をあげておきたい。

1)　政策思考能力

　　自治体は、「地域における行政」を実施し、あるいは「地域における事務」を処理することとされているが、「行政」・「事務」とは、政策の企画・立案・決定・実施のことである。したがって、自治体の事務は、単にルーチンワークとして処理するのではなく、「政策」としてとらえることが必要である。このうち、自治体職員は、政策の企画・立案・実施の中心的な担い手であり、政策的思考を不可欠としている。

2)　政策法務能力

　　政策法務は、権限面から法を政策実現のために重要かつ必要・不可欠な手段であると位置づける。政策法務の内容は、条例・規則などの自治立法、法令の自治解釈・運用、自治体争訟、さらに国法改革までもふくんでいる。自立した政府の仕事にたずさわる自治体職員には、法務能力を身につけること

が必須となっている。
3) 政策財務能力

　政策財務は、財源面から財務・財政を政策実現のために重要かつ必要・不可欠な手段であると位置づける。政策財務では、自治体財務の中心である予算を「政策を金額であらわしたもの」と定義して、予算編成が政策の選択と税を中心とした財源配分であることを重視する。自治体職員は、予算の政策的な意味合いをふかく認識し、予算の編成と執行にあたる財務能力をたかめていかなければならない。

5　ネットワークの構築

　地域社会では、隣人、ボランティア、公職者、施設、団体・組織、企業、専門職、行政組織など実にさまざま主体がひろく福祉の担い手として存在し、活動をしている。これらは、「社会資源」（ここにあげた担い手のほか、資金、知識・技術など人的・物的資源の総称）とされているものであるが、これらの担い手が利用者主体の総合的・効率的な福祉サービスを提供するために、これらの多様な担い手のネットワーク化がはかられなければならない。社会経済環境がおおきく変化するなかで、地域における公共サービスのすべての領域にわたって行政が中心的に担っていくという考え方を前提とした体制はすでに破綻したといえる。

　今、地域社会には、さまざまな福祉の担い手の信頼や協調にもとづいた「市民社会資本」（ソーシャル・キャピタル）とよばれるネットワークを創出していくことが求められている。そのためにも、徹底した自治体情報の公開や担い手間の情報共有が不可欠である。ネットワーク化により、情報の交換・共有を基本とし、マンネリ化しないよう心がけて、無理のない協同・協力の関係をつみかさねていく必要がある。また、必ずしも区域内のすべての組織・団体などを網羅した単一のものとする必要はなく、自主的・主体的な参加のもとに、同一業種間の連携を基礎に重層的な仕組みが考えられてよい。

　ところで、多様・多数の主体をむすびつけ、活動を継続していくためには、そ

の中心となって連絡・調整の任にあたる者（事務局）が必要となる。その任にあたるのは、市民に信頼される存在であり、継続性をもって仕事をつづけられることなどから自治体の行政組織が望ましいといえる。

市町村では、高齢者へのサービス提供について、保健・医療・福祉の連携をはかるために、現場・実務担当者のサービス調整チームや区域内の関係団体などの代表者レベルによるサービス調整会議などの実績もある。

おおくの担い手相互間に連携がとれて、協同・協力の関係が構築されれば、地域の福祉力はたかまり、地域づくりの形成にもむすびついていく。

なお、ネットワーク化に関連して留意しておきたい点は「協働」の意味である。市民と行政との「協働」という用語が、自治体で多用されているが、協働とは本来、独立した対等当事者間の関係をしめすものである。ところが、市民と自治体の代表機構・その補助機構との関係は、対等ではなく、市民の信託によって成りたっているので、この用語を本来の意味で使用することは適切でない。そこで、協働の意味は、参加・批判を発展させたものとして、市民がみずからの公共課題を自治体と連携しながら主体的にその解決策づくり、実施および評価におこなっていくこととらえておきたい。

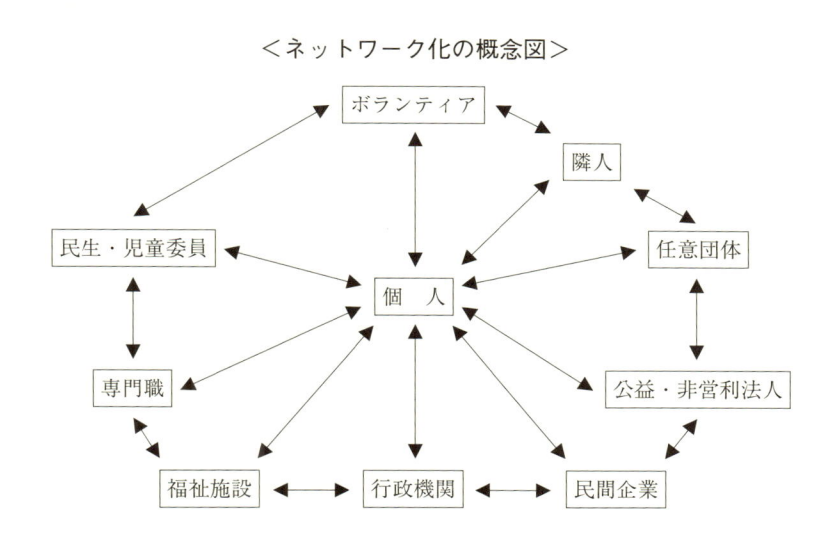

<ネットワーク化の概念図>

第9章　福祉教育と福祉文化

【要　点】

1) すべての人は、生まれながらにして、かけがえのない命をもった尊厳な存在である。日本国憲法においても、すべて国民は個人として尊重されるとし、侵すことのできない永久の権利として基本的人権と法のもとにおける平等を保障している。基本的人権では、とくに、憲法25条の福祉をめぐる生活権（生存権）が重視されなければならない。

2) 憲法に規定する国民・個人には、当然のことながら、生活に何らかの困難をかかえた高齢者・子ども・障害者・生活困窮者などもふくまれている。しかも、人は、誰もがいずれかの当事者になり、あるいはその可能性をもっている。

3) 地域では、そこでくらす人びとが、お互いに助け合いながら、共に生きていく社会が求められている（共生社会）。そのために、子どもの頃から「福祉の心」を育てる福祉教育が重要である。また、専門教育において、福祉に関する高度の知識や技術を修得した福祉社会をささえる人材の育成も不可欠である。

4) 文化とは、人間がつくる生活様式であり、福祉に関する意識と活動はその一端をなしている。したがって、その時代の文化水準は、市民の意識・活動や自治体・国の政治・行政のあり方によって決定づけられる。

5) 近年、人びとの福祉に関する理解はふかまり、市民活動ないしボランティア活動も活発におこなわれるようになってきた。障害者などにたいする差別と偏見をとりのぞく努力もおこなわれ、バリア・フリーのまちづくりもおこなわれるようになってきた。ようやく、一定水準に達した市民福祉文化の形がみえるようになってきたが、差別の解消や福祉のまちづくりに課題がのこされている。

1 福祉教育

(1) 福祉教育の必要性

　福祉は、人の命や毎日の生活にかかわることであり、人びとの支えあいがなくては成りたっていかない。そのために、福祉に関しては、日常の市民生活からはもちろん、また教育をとおしても、学び、理解をふかめることが重要である。
　一般の市民にあっては、「福祉のこころ」を市民倫理とし、福祉の実践活動を市民良識としていくことが望まれる。子どもには、人にやさしい「福祉のこころ」を身につけさせることが必要である。政策・制度づくりにかかわる人たちや専門職の養成は、専門教育機関のおおきな役割である。

(2) 福祉教育の実践

　福祉教育は、地域の人たちを対象とする福祉教育、小学校・中学校・高等学校における福祉教育および専門教育機関における専門職を養成する福祉教育に分けることができる。

① 地域の福祉教育

　福祉の「場」である地域における福祉教育は、自治体、社会福祉協議会、市民団体などによって取り組まれている。主に、自治体では一般市民を対象とした講座などを開催し、市町村社会福祉協議会では学校などへの講師の派遣や紹介をおこない、NPOなど市民活動では利用者やその家族を対象とした学習会などをひらいている。地域における福祉教育は、多様な主体により、継続的に取り組まれることが必要であり、このことによって地域の福祉力をたかめることになる。
　また、地域における福祉教育の一環として、障害者や高齢者が幼稚園や保育園の訪問などにより子どもとの交流の時間をつくるべきであろう。

② 小学校・中学校・高等学校の福祉教育

　小学校・中学校では2002年度から、高等学校では2003年度から「総合的な学習の時間」が本格的に実施されている。この「総合的な学習の時間」の趣旨・ねらいを文部科学省の新「小学校学習指導要領」(2008年)でみておく。これによれば、総合的な学習の時間の目標は、横断的・総合的な学習をとおして、みずから課題をみつけ、みずから学び、みずから考え、主体的に判断し、よりよく問題を解決する資質や能力を育成するとともに、学び方やものの考え方を身につけ、問題の解決や探究活動に主体的・創造的・協同的に取り組む態度を育て、自己の生き方を考えることができるようにすることである。

　各学校においては、この目標をふまえ、総合的な学習の時間の目標・内容をさだめ、学校の実態におうじて、たとえば国際理解、情報、環境、福祉・健康などの横断的・総合的な課題、児童の興味・関心にもとづく課題、地域や学校の特色におうじた課題などについての学習活動をおこなうものとされている。

　このなかの「福祉・健康」について、おおくの学校で取り組まれるようになっており、ここでは児童・生徒ばかりでなく教師の福祉教育の場ともなっている。福祉教育の目的は、具体的に障害者などの体験談をきくばかりでなく、車いすやアイマスクの「疑似体験」をとおして障害者の気持ちを理解するとともに、自分たちのできることを発見することである。

　福祉教育は、すべての人を個人として尊重し、思いやりのある心をもってたすけ合う態度を育て、共に生きる人間の育成をめざしている。これは、現在の教育が目ざすべき課題と同一線上にあり、小・中・高等学校での福祉教育の目標は、おおむね次のようにまとめることができる。

1) 身近な地域で暮らしている高齢者や障害者などにさまざまな生活や生き方があることに気づかせ、福祉にたいする理解と関心をふかめる。
2) すべての人が社会を構成する一員として尊ばれることや人権に根ざす相互の思いやりの心（福祉のこころ）を育てる。
3) 高齢者や障害者との交流をとおして福祉にたいするボランティア活動などの実践的態度を育成する。

とくに、小学校においては、「福祉のこころ」を育てることが期待され、中学校および高等学校においてはボランティア活動などの実践活動にむすびつくことが期待されている。そして、福祉教育は、途切れることなく、小学校から高等学校にかけて継続しておこなわれる必要がある。このような学校教育をとおして、「福祉のこころ」と「福祉の実践」が社会に根づき、福祉文化として定着していく。そこで、現場教師の創意と工夫にもとづいた福祉教育の実践が重要になる。これが子どもたちのその後の人生へのおおきな寄与となろう。

③ 専門教育機関の福祉教育

　福祉の専門教育機関には、専門学校および大学がある。それぞれが福祉専門職の養成を目的としており、専門職の資格取得への道が開かれている。専門教育機関を卒業することにより資格そのものを取得できる場合と資格を取得するための受験資格を取得できる場合とがある。前述の専門職のうち、保育士などは一定の専門養成施設を卒業することによりその資格を取得でき、社会福祉士などは国の所定の受験資格を取得することができる。現在では、福祉系の大学や福祉関係の学部・学科をもっている大学もおおくなっており、カリキュラムも充実した内容になっている。

　福祉専門職の養成は、その専門的な知識・技術をもって福祉社会をささえるために必要不可欠なものである。だが、現実には、他産業と比較してひくい賃金におさえられていることなどから、福祉職への就職は低迷している。介護保険制度における介護報酬の引きあげや労働時間の改善によって、使命感をもった人材が希望をもって働けるような条件整備をすることが緊急課題である。

　また、日本では、これまで欧米から福祉制度や福祉技術を学び、取りいれてきたが、これからは、日本人の得意とする「ものづくり」の手法を福祉分野に取りこんで、高度な知識・技術をもった専門職の育成がめざされるべきであろう。このことによって、国際貢献をおこなうこともできる。

2 福祉文化

(1) 福祉文化の意義

　文化とは、地域の市民生活からはじまるのであるが、人びとが長年にわたって築きあげてきた生活様式ないし行動様式の総体である。具体的には、言語、習慣、道徳、宗教、種々の制度などである。
　福祉は、人びとの共同生活のいとなみのなかで、習慣や道徳からはじまり政策・制度へと時間をかけて発展し、築きあげられてきたものであり、それ自体が文化の側面をもっている。
　元来、福祉とは、地球規模ですべての人が幸せにくらすことであり、それは基本的人権として保障される。したがって、その社会における基本的人権の尊重の程度が文化のバロメーターになる。いわば、福祉の文化化である。
　自治体・国は、政策・制度の立案と実施を「行政」としておこなっている。その行政の劣化が指摘され、行政の自己革新ないし水準の上昇をめざす「行政の文化化」が提起されてきたが、これは福祉行政についても同じである。第1章でのべた「福祉改革」は、行政の文化化の取り組みでもあり、第2章でのべた自治体計画は行政の文化水準を反映したものである。福祉文化は、教育や実践活動をとおした市民の精練・熟度によってささえられるが、自治体の長・議員および職員の文化水準が問われることになる。
　以下では、差別問題と福祉のまちづくりを福祉文化としてとりあげる。

(2) 差別問題

① 人権と平等

　すべて人は、本来、人間としての尊厳をもって生をうけている。近代社会では、すべての人が基本的人権を尊重され、平等に生きる権利を保障されるようになっている。憲法においても、侵すことのできない永久の権利としての基本的人権と法のもとに差別されない平等権をすべての国民に保障し、さらに文化的で最低限度の生活をする生活権（生存権）が保障されている。これが、現代社会における文化水準である。だが、現実には基本的人権がないがしろにされることがあり、また人びとの間に差別意識が今だに根づよく残っている。

　差別とは、本来、平等にもっている基本的人権が人種、宗教、性、年齢、障害、思想・信条などの理由によって不当に侵されている状態をいう。この差別は、偏見や先入観・予見からきて、蔑視・侮蔑・軽蔑をともなう。日本では、日常の男女差別をはじめ、部落差別、在日韓国・朝鮮人差別、障害者差別などの差別問題が存在するが、それぞれが社会文化的背景をもち今日にいたっている。この差別をなくすためには、地道な努力を必要とするが、とくに差別をうけた当事者による告発、マスコミなどによる反差別キャンペーン、行政的対応など多様な取り組みが不可欠である。

② 用語・呼称

　差別問題の一つとして、福祉分野における「差別用語」（不快用語）を中心とした言語の問題をとりあげておきたい。福祉分野では、かつて「めくら」「つんぼ」「おし」「かたわ」などの用語が日常的につかわれて、法令上でも「不具廃疾」・「収容」などの差別的な用語が数おおくつかわれていた。この用語についても、これまでに幾多の法改正などがおこなわれてきているが、まだ十分なものとはいえない。

　まず、「障害」「障害者」という用語・呼称については、差別的な意味合いがもたれることなどからその使用に疑問がだされている。「害」は、「害がある」とか「災害」などのように、「悪」という評価をともなった印象がもたれる。そこでより客観的な事実の意味をもたせるために「障害」にかえて「障碍」または「障が

い」「しょうがい」の用語がつかわれることもある。ここでより重要なことは、言葉よりも差別の実態をなくすことである。

　また、本来、障害は、障害をもつ人の一部の属性・特性にすぎないことから、障害をもつ「者」すなわち「人」を強調すべきで、「障害者」から「障害をもつ人」へと意識・見方をかえていく必要があろう。

　福祉法令には、「措置」・「更生」・「授産」（※28）・「保護」・「指導」・「啓発」などの用語も頻繁にでてくるが、人権・権利主体としての市民・障害者の観点から、根本的に見直されるべきであろう。

③　差別禁止法の整備

　2006年12月の国連総会において、障害者を対象としたはじめての「障害者の権利に関する条約」（障害者権利条約）が全会一致で採択され、2008年4月に批准国が20か国に達して、2008年5月3日に発効している。日本では、2007年9月に外務大臣が署名して、批准にむけて検討がすすめられている（2008年12月現在）。

　障害者権利条約は、一般原則として、障害者の固有の尊厳、個人の自律・自立、差別されないこと、社会への参加などを規定している。また、障害者に保障されるべき人権・基本的自由として、障害者の移動を促進するための建物・道路・交通機関における障害物の除去、教育における機会平等の確保、就職や昇進面での差別禁止などがもり込まれている。さらに、これらの人権・基本的自由を確保し促進するための立法・行政措置を締約国がとることや、措置の実施状況を監視するための、国内と国際監視機構を設置することがさだめられている。

　日本においては、2004年の障害者基本法の一部改正により、基本的理念として「何人も、障害者に対して、障害を理由として、差別することその他の権利利益を

※28　更生・授産

　「更生」は、もとのよい状態にもどることの意味で、障害者施策では「更生援助」「更生医療」「更生相談」「更生施設」などとして使用されているが、他の用法としては、「更生保護」（非行少年や犯罪者などの社会復帰のための事業）や「会社更生」（会社の再建）などとして使用されている。

　「授産」は、仕事を授けることで、障害者や生活困窮者の就労・技能修得のための「授産施設」などとして使用されている。

侵害する行為をしてはならない。」（同法3条3項）との規定が追加された。しかし、これは理念規定にとどまることから、具体的な差別を禁止する「差別禁止法」の制定が関係団体などから求められている。日本においても障害者権利条約をうけた法整備が緊急課題である。

　自治体にあっては、国に先行して、2006年に千葉県で、きびしい議論のなかから、雇用・教育・医療などにおける差別を例示して禁止する「障害のある人もない人も共に暮らしやすい千葉県づくり条例」（障害者差別禁止条例）を全国ではじめて制定している。自治体は、このように自治立法権を行使することによって、障害者の差別禁止や虐待防止その他障害者の権利保護に関する条例を制定することによって国を先導する政策の展開をはかることができる。

▶▶▶ (3) 福祉のまちづくり

① バリアフリーのまちづくり

　バリアフリーとは、障壁・障害のない状態のことをいう。もともと、建築用語であったが、今ではハンディキャップをもった人の社会参加を困難にしているすべての障害・障壁の除去という意味でつかわれている。具体的には、階段や床の段差による歩行の困難さを解消するために、エレベーター・エスカレーター・スロープ・手すりなどの設置、ノンステップバスの運行などの取り組みである。さらに、バリアフリーは、このような物理的な障壁の除去だけでなく、障害を理由とした資格・免許などを制限している制度的な障壁、音声案内・字幕放送・点字・手話通訳による表示が欠けているための文化・情報の障壁および心ない言葉などの意識上の障壁（心の壁）の除去をふくむものとされるようになっている（1993年「障害者対策に関する新長期計画」）。今日時点では、駅舎のエレベーターやノンステップの循環バスの運行などかつて困難視された物理的な障壁の除去をはじめ、制度的な障壁や文化・情報の障壁についても除去の取り組みがすすんできている。「心の壁」も前述の福祉教育の効果があがりつつある。バリアフリーのまちづくりは、すべての人に住みやすいまちづくりであり、引きつづき、強力におしすすめていくべき政策領域である。

　また、福祉のまちづくりは、ユニバーサルデザインに配慮したものでなければ

ならない。ユニバーサルデザインとは、製品・建物・環境などについて、年齢・性別・国籍・能力などの違いにかかわらず、できるかぎり、すべての人に利用できるようにデザインすることをいう。ユニバーサルデザインは、障害者や高齢者のためだけではなく、すべての人にとってつかいやすく、手にいれやすいデザインである。

> ■ユニバーサルデザインの7原則■
> 1) 誰もが公平に利用できること。
> 2) つかう上で自由度がたかいこと。
> 3) つかい方が簡単ですぐわかること。
> 4) 必要な情報がすぐに理解できること。
> 5) うっかりミスや危険につながらないデザインであること
> 6) 無理な姿勢をとることなく少ない力でも楽に使用できること。
> 7) アクセスしやすいスペースとおおきさを確保すること。

② バリアフリー法の制定

2006年に、「バリアフリー法」(高齢者、障害者等の移動等の円滑化の促進に関する法律)は、「ハートビル法」(高齢者、身体障害者等が円滑に利用できる特定建築物の建築の促進に関する法律)および「交通バリアフリー法」(高齢者、身体障害者等の公共交通機関を利用した移動の円滑化の促進に関する法律)を廃止・統合して制定された。

バリアフリー法は、高齢者・障害者などの日常生活および社会生活における移動上および施設の利用上の利便性・安全性の向上をはかる施策を総合的に推進するために、次のような事項を規定している。

1) 移動・利用の円滑化のための施設管理者などの義務

　旅客施設・車両等、道路、路外駐車場、公園施設および建築物について、新設・改良時における国のさだめる移動等円滑化基準に適合させる義務、これら既存施設の移動等円滑化基準に適合させる努力義務(条例で義務化可能)など

2) 重点整備地区における移動等の円滑化の重点的・一体的な推進

　市町村は、基本構想(旅客施設、官公庁施設、福祉施設など高齢者・障害者などが生活上利用する施設の所在する一定の地域を重点整備地区として指定し、地区内の施設や経路の移動などの円滑化に関する基本的事項を記載)を作成し、その際に協議会の設置や関係者からの提案の採用。公共交通事業者、道路管理者、路外駐

車場管理者、公園管理者、建築物の所有者および公安委員会は、基本構想にそって事業計画を作成し、事業を実施
3) 基本方針の策定
主務大臣は、移動等の円滑化の促進に関する基本方針を策定
　この法律にもとづいて、全国のおおくの自治体が駅周辺を重点整備地区とした駅舎の整備をもり込んだ基本構想を策定し、事業がすすめられているが、市民参加を徹底し、地域の特性をいかしたものでなければならない。

③　福祉のまちづくり条例
　福祉のまちづくりは、年齢の違いや障害の有無などにかかわらず、自由に行動し、社会参加でき、安心・安全な生活をおくれる環境を整備することを目指している。福祉のまちづくりは、高齢者や障害者にのみならず、すべての市民にやさしいまちづくりなのである。
　おおくの自治体が、「福祉のまちづくり条例」「人にやさしいまちづくり条例」「バリアフリーのまちづくり条例」「ユニバーサルデザイン条例」などの題名の条例を制定して、福祉のまちづくり事業に取り組んでいる。福祉のまちづくり条例は、おおむね次のような構成となっている。
1) 自治体・事業者・市民の責務
2) 基本的施策（指針・計画の策定、情報の提供、教育の充実、調査・研究、防災上の配慮、財政上の措置など）
3) 公共施設等の整備（整備基準・手続きなど）
4) 福祉のまちづくり推進会議
　福祉のまちづくり条例は、市民参加のもとに、地域の特性をいかしたものでなければならないが、この条例は、市町村と都道府県において制定されており、それぞれの役割領域にもとづいた政策調整を必要とする。また、上述のバリアフリー法の自主解釈・運用がおこなわれなければならない。

　バリアフリー法は、ハード面の整備に関するものであり、国の一定の財政的な措置もともなっている。だが、福祉のまちづくりには、ソフト面の充実も欠かすことができない。

そこで、自治体は、地域の特性をいかした福祉のまちづくりをすすめるために、バリアフリー法などの国法を選択・解釈運用するとともに、ソフト面の規定をもり込んだ条例の制定によって、地域の特性をいかした福祉のまちづくりをすすめていく必要がある。

<資料編>

第1章関係

1　市町村数の変遷

年・月	市	町	村	計	備考	
1888	—	(71,314)		71,314		明治の大合併
1889	39	(15,820)		15,859	市制町村制施行	
1922	91	1,242	10,982	12,315		
1953・10	286	1,966	7,616	9,868	町村合併促進法施行	昭和の大合併
1961・6	556	1,935	981	3,472	新市町村建設促進法施行	
1965・4	560	2,005	827	3,392	市町村の合併の特例に関する法律施行	
1999・3	670	1,994	568	3,232	市町村の合併の特例に関する法律の改正・施行	平成の大合併
1999・4	671	1,990	568	3,229		
2006・3	777	846	198	1,821	市町村の合併の特例に関する法律経過措置終了	
2006・4	779	844	197	1,820	市町村の合併の特例等に関する法律（合併新法）施行	
2007・4	782	827	195	1,804		
2008・4	783	812	193	1,788		
2009・3	783	803	192	1,778		

注）市のうち、指定都市17、中核市39、特例市43（2008年4月1日現在）
出所）総務省資料

2　人口構造の変化

(1)　出生数・死亡数・合計特殊出生率の年次推移

年	出生数（人）	死亡数（人）	自然増加数（人）	合計特殊出生率
1948	2,681,624	950,610	1,731,014	4.40
1973	2,091,983	709,416	1,382,567	2.14
1983	1,508,687	740,038	768,649	1.80
1993	1,188,282	878,532	309,750	1.46
2004	1,110,721	1,028,602	82,119	1.29
2005	1,062,530	1,083,796	△ 21,266	1.26
2006	1,092,674	1,084,450	8,224	1.32
2007	1,089,818	1,108,334	△ 18,516	1.34

出所）厚生労働省「人口動態統計（確定数）の概況」

(2) 世帯総数および世帯構造別世帯数の構成割合の推移

年次	世帯総数（千世帯）	単独世帯（％）	夫婦のみの世帯（％）	夫婦と未婚の子のみの世帯（％）	ひとり親と未婚の子のみの世帯（％）	三世代世帯（％）	その他の世帯（％）
1986	37,544	18.2	14.4	41.4	5.1	15.3	5.7
1992	41,210	21.8	17.2	37.0	4.8	13.1	6.1
1998	44,496	23.9	19.7	33.6	5.3	11.5	6.0
2001	45,664	24.1	20.6	32.6	5.7	10.6	6.4
2005	47,043	24.6	21.9	31.1	6.3	9.7	6.4
2007	48,027	25.0	22.1	31.3	6.3	8.4	6.9

出所）厚生労働省「国民生活基礎調査の概況」。(3) も同じ。

(3) 世帯類型別の世帯数の構成割合および平均世帯人員の推移

年次	高齢者世帯（％）	母子世帯（％）	父子世帯（％）	その他の世帯（％）	平均世帯人員（人）
1986	6.3	1.6	0.3	91.8	3.22
1992	8.9	1.2	0.2	89.7	2.99
1998	12.6	1.1	0.2	86.1	2.81
2001	14.6	1.3	0.2	84.0	2.75
2005	17.7	1.5	0.2	80.6	2.68
2007	18.8	1.5	0.2	79.5	2.63

(4) 平均寿命・100歳以上高齢者数の推移

年	平均寿命（歳）男	平均寿命（歳）女	100歳以上高齢者数（人）男	100歳以上高齢者数（人）女	100歳以上高齢者数（人）計
1947	59.57	62.97	—	—	—
1960	65.32	70.19	—	—	—
1970	69.31	74.66	62	248	310
1980	73.35	78.76	174	794	968
1990	75.92	81.90	680	2,618	3,298
2000	77.72	84.60	2,158	10,878	13,036
2005	78.56	85.52	3,779	21,775	25,554
2007	79.19	85.99	4,613	27,682	32,295
2008			5,063	31,213	36,276

出所）1　平均寿命→厚生労働省「生命表」（完全生命表。2007年は「簡易生命表」）
　　　2　100歳以上人口→厚生労働省資料

3 国の福祉プラン

(1) 子ども・子育て応援プラン（抜粋）

4つの重点課題	平成21年度までの5年間に講ずる施策・目標（例）	目指すべき社会の姿（例）（概ね10年後を展望）
若者の自立とたくましい子どもの育ち	若年者試用（トライアル）雇用の積極的活用	若者が意欲を持って就業し、経済的にも自立
仕事と家庭の両立支援と働き方の見直し	企業の行動計画の策定・実施の支援と好事例の普及	希望する者すべてが安心して育児休業等を取得（育児休業取得率：男10％・女80％）
生命の大切さ・家庭の役割等についての理解	全国の中・高等学校において、子育て理解教育を推進	多くの若者が子育てに肯定的な（「子どもはかわいい」「子育てで自分も成長」）イメージを持てる
子育ての新たな支え合いと連帯	児童虐待防止ネットワークの設置（全市町村）	児童虐待で子どもが命を落とすことがない社会をつくる（児童虐待死の撲滅を目指す）

(2) 障害者基本計画―重点施策実施5か年計画（抜粋）

区分		現状（2007年度）	目標（2011年度）
生活支援	訪問系サービスの利用時間数	約376万時間	約522万時間
	日中活動系サービスのサービス提供量	約713万人日分	約825万人日分
	児童デイサービス事業のサービス提供量	約26万人日分	約34万人日分
生活環境	共同住宅のうち、道路から各戸の玄関まで車いす等で通行可能な住宅ストックの比率	10％（04年度）	25％（15年度）
教育・育成	個別の教育支援計画策定率（小・中学校）	20％（06年度）	50％（12年度）
	校内委員会の設置（公立高等学校）	25.2％（06年度）	70％（12年度）
雇用・就業	雇用障害者数	―	64万人（13年度）

4 自治体の財政状況

(1) 経常収支比率の推移

単位：％

年　度	1990	1995	2000	2004	2005	2006
経常収支比率	70.2	84.7	86.4	91.5 (99.9)	91.4 (97.4)	91.4 (96.4)

注）（　）内数値は、減税補てん債および臨時財政対策債を経常一般財源から除いて算出したものである。
出所）総務省「地方財政の状況（地方財政白書）」

(2) 地方財政の借入金残高の推移

単位：兆円

年　度	1990	1995	2000	2004	2005	2006	2007	2008
借入金残高	67	125	181	201	201	200	199	197

出所）総務省「地方財政の現状」（ホームページ）

(3) 目的別歳出純計決算額の構成比の推移（主要経費）

単位：％

区分（款）	2001年度	2003年度	2005年度	2006年度 純計	2006年度 市町村	2006年度 都道府県
民生費	14.4	15.7	17.3	18.2	27.1	10.2
土木費	19.1	17.8	15.9	15.5	15.0	14.5
教育費	18.5	18.6	18.3	18.5	10.9	23.8
公債費	13.2	14.2	15.4	14.9	13.5	14.5
歳出合計（億円）	974,317	925,818	906,973	892,106	479,465	475,359

出所）総務省「地方財政の状況（地方財政白書）」

5 非正規労働者の状況
(1) 非正規の職員・従業員の割合の推移

単位：%

	2003年 (年平均)	2005年 (年平均)	2007年 (年平均)
男女計	30.4	32.6	33.5
男	15.6	17.7	18.3
女	50.6	52.5	53.5

出所）総務省「労働力調査―詳細集計・平成19年平均結果の概要―」。（2）も同じ。

(2) 雇用形態別雇用者の仕事からの収入割合の推移

単位：%

性別	収入額	2003年 正規	2003年 非正規	2005年 正規	2005年 非正規	2007年 正規	2007年 非正規
男	100万円未満	1.5	31.2	1.3	28.3	1.2	27.5
男	100～199万円	6.1	28.6	5.5	28.5	5.7	29.6
男	200～399万円	34.5	27.7	33.7	31.4	34.4	31.9
男	400～499万円	17.2	4.8	17.5	5.5	17.4	5.0
男	500～699万円	20.9	3.9	21.7	3.5	21.1	3.4
男	700万円以上	19.8	3.7	20.3	2.8	20.3	2.7
女	100万円未満	6.1	54.5	5.4	51.1	5.6	49.0
女	100～199万円	22.2	34.0	21.4	36.7	21.0	36.9
女	200～399万円	48.6	10.4	48.2	11.3	48.1	12.8
女	400～499万円	9.7	0.5	10.7	0.5	11.0	0.7
女	500～699万円	8.6	0.4	9.5	0.3	9.6	0.4
女	700万円以上	4.7	0.2	4.8	0.1	4.8	0.1

第2章関係

1　福祉政策関係条例（A市の例）

区　分	条　例　の　題　名
基本条例	A市自治基本条例
総合条例	A市健康福祉総合条例
通則条例	A市福祉事務所設置に関する条例、社会福祉法人に対する助成の手続に関する条例
高齢者福祉	社会福祉法人の設置する特別養護老人ホームに対する助成に関する条例、A市福祉会館条例、A市高齢者センター条例、A市立特別養護老人ホーム条例、A市老人保健施設条例、A市立在宅介護支援センター条例、A市敬老金条例、A市高齢者入院見舞金の支給に関する条例、A市福祉住宅条例、A市介護福祉条例
子ども家庭福祉	社会福祉法人の設置する保育所に対する助成に関する条例、A市青少年問題協議会条例、A市児童遊園条例、A市児童館条例、A市子どもひろば条例、A市立母子生活支援施設条例、A市立保育園設置条例、A市保育の実施に関する条例、A市学童保育所条例、A市子ども家庭支援センター条例、A市児童手当条例
障害者福祉	A市心身障害者福祉手当条例、A市ハピネスセンター条例
健康医療	A市ひとり親家庭の医療費の助成に関する条例、A市乳幼児の医療費の助成に関する条例、A市総合保健センター条例、A市国民健康保険条例

2　主要な福祉政策関係法律

区　分	法　律　の　題　名
基本法	日本国憲法
共通法	社会福祉法、民生委員法、社会福祉・医療事業団法
高齢者福祉	高齢社会対策基本法、老人福祉法、介護保険法、高年齢者等の雇用の安定等に関する法律、高齢者虐待の防止・高齢者の養護者に対する支援等に関する法律など
子ども家庭福祉	少子化社会対策基本法、次世代育成支援対策推進法、児童福祉法、母子及び寡婦福祉法、児童手当法、児童虐待の防止等に関する法律、就学前の子どもに関する教育・保育等の総合的な提供の推進に関する法律（認定こども園法）など
障害者福祉	障害者基本法、障害者自立支援法、身体障害者福祉法、知的障害者福祉法、精神保健及び精神障害者福祉に関する法律、障害者の雇用の促進等に関する法律、特別児童扶養手当等の支給に関する法律など
生活困窮者福祉	生活保護法、ホームレスの自立の支援等に関する特別措置法など
健康医療	地域保健法、健康増進法、高齢者の医療を確保する法律（老人保健法の改正法）、母子保健法、国民健康保険法など
福祉人材	医師法・歯科医師法、薬剤師法、保健師助産師看護師法、理学療法士及び作業療法士法、社会福祉士及び介護福祉士法、精神保健福祉士法、言語聴覚士法など
福祉補完	民法、任意後見契約に関する法律、消費者契約法、一般社団及び一般財団法人に関する法律、公益社団法人及び公益財団法人の認定等に関する法律、特定非営利活動促進法、育児休業等に関する法律、雇用の分野における男女の均等な機会及び待遇の確保等女子労働者の福祉の増進に関する法律、配偶者からの暴力の防止及び被害者の保護に関する法律、消費生活協同組合法など

3 福祉政策経費
(1) 民生費の目的別歳出構成比の推移（抜粋）

単位：％

区　分 （項）	2001年度	2003年度	2005年度	2006年度 純計	2006年度 市町村	2006年度 都道府県
社会福祉費	27.0	26.0	26.7	27.2	25.6	34.8
老人福祉費	26.2	26.0	25.2	25.0	19.9	40.2
児童福祉費	30.3	30.1	29.9	30.1	34.0	19.8
生活保護費	16.4	17.9	18.0	17.6	20.5	5.0
歳出合計（億円）	1140,544	145,402	156,927	162,585	130,144	48,631

出所）総務省「地方財政の状況（地方財政白書）」。(2) も同じ。

(2) 歳入純計決算額の構成比の推移（抜粋）

単位：％

区分	2001年度	2003年度	2005年度	2006年度 純計	2006年度 市町村	2006年度 都道府県
一般財源	57.4	55.3	59.3	62.3	59.6	61.1
地方税	35.5	34.4	37.4	39.9	36.8	37.9
地方交付税	20.3	19.0	18.2	17.5	14.9	17.8
特定財源	42.6	44.7	40.7	37.7	40.4	11.1
国庫支出金	14.5	13.9	12.8	11.5	10.1	11.5
地方債	11.8	14.5	11.2	10.5	8.7	11.1
歳入合計（億円）	1,000,041	948,870	929,365	915,283	493,619	484,382

(3) 福祉政策経費負担区分（例）

費用区分	市町村	都道府県	国	その他	根拠規定
介護保険事業の介護給付・予防給付に要する費用	一般会計において、費用の額の100分の12.5に相当する額を負担	(a) 次の(b)を除く費用の額の100分の12.5相当額を負担 (b) 介護保険施設・特定施設入所者生活介護にかかる費用の額の100分の17.5相当額を負担	(a) 次の(b)を除く費用の額の100分の20相当額を負担 (b) 介護保険施設・特定施設入所者生活介護にかかる費用の額の100分の15相当額を負担	介護保険事業に要する費用にあてるため、保険料を徴収	介護保険法121条以下
保育所における保育の実施に要する費用（保育費用）	市町村立保育所および民間認可保育所における保育費用を支弁	民間認可保育所における保育費の4分の1を負担	民間認可保育所における保育費の2分の1を負担	本人・その扶養義務者から保育費用の徴収可	児童福祉法51条以下
障害者自立支援事業の障害福祉サービス費などの支給に要する費用・地域生活支援事業に要する費用	各費用を支弁	障害福祉サービス等負担対象額の100分の25負担。予算の範囲内において、地域生活支事業に要する費用の100分の25以内補助	障害福祉サービス等負担対象額の100分の50負担。予算の範囲内で、地域生活支援事業に要する費用の100分の50以内を補助		障害者自立支援法92条以下
生活保護の実施に要する費用（保護費）	生活保護の実施に要する費用を支弁	居住地不明等の被保護者につき市町村が支弁した保護費の4分の1負担	市町村が支弁した保護費の4分の3の費用を負担		生活保護法70条以下

第3章関係

1　老人福祉施設設置数の推移

各年10月1日現在

施 設 名	1995年	2000年	2005年	2006年
養護老人ホーム	947	949	964	962
特別養護老人ホーム	3,201	4,463	5,535	5,759
軽費老人ホーム	551	1,444	1,966	2,016
うちケアハウス	261	1,160	1,693	1,750
有料老人ホーム	272	350	1,406	1,968

出所）厚生労働省「社会福祉施設等調査結果」

2　年金額

（月額）

区　　　分	2007・2008年度
国民年金〔老齢基礎年金：1人分〕	66,008円
国民年金〔老齢基礎年金：夫婦2人分〕	132,016円
厚生年金〔夫婦2人分の老齢基礎年金を含む標準的な年金額〕	232,592円

出所）厚生労働省「平成20年度の年金額について」

3　老人クラブ数・会員数の推移　各年度末現在

年	クラブ数	会員数（人）
2000	133,607	8,791,499
2005	126,245	8,035,078
2006	124,120	7,807,716

出所）厚生労働省「社会福祉行政業務報告（福祉行政報告例）」

4　シルバー人材センターの実績の推移

年　度	契約金額（億円）	団体数	男性会員数（人）	女性会員数（人）	会員合計（人）
1990	797	495	151,745	73,701	226,257
2000	2,435	1,577	422,537	219,729	642,266
2005	3,168	1,544	509,697	255,771	765,468
2006	3,239	1,343	506,322	254,725	761,047

出所）（社団法人）全国シルバー人材センター事業協会資料（ホームページ）

5　高齢者虐待件数

年　度	養介護施設従事者等によるもの		養護者によるもの	
	相談・通報件数	虐待判断件数	相談・通報件数	虐待判断件数
2006	273	54	18,390	12,569
2007	379	62	19,971	13,273

出所）厚生労働省「高齢者虐待防止法に基づく対応状況等に関する調査結果」

6　介護保険

(1)　第1号被保険者の推移

各年度末現在　　単位：万人

区　分	2000年度	2003年度	2006年度
65歳～75歳未満	1,319	1,374	1,450
75歳以上	923	1,076	1,226
計	2,242	2,449	2,676

出所）厚生労働省「介護保険事業状況報告（年報）」。(2)(3)も同じ。

(2)　要介護（要支援）認定者数の推移

各年度末現在　　単位：万人

区　分	2000年度	2003年度	2006年度
要介護5	34	45	49
要介護4	36	47	54
要介護3	35	49	64
要介護2	48	60	75
要介護1	70	124	90
経過的要介護	—	—	5
要支援	32	59	—
要支援2	—	—	51
要支援1	—	—	53
計	256	384	440

(3) 保険給付費（介護給付・予防給付）の推移

区　分	2000年度	2003年度	2006年度
給付費総額（億円）	32,427	50,990	58,743
第1号被保険者1人あたり（千円）	145	208	219

(4) 事業所数・施設数の推移

各年10月1日現在

事業所・施設区分			2000年	2005年	2006年
居宅サービス事業所	訪問系	訪問介護	9,833	20,618	20,948
		訪問看護ステーション	4,730	5,309	5,470
	通所系	通所介護	8,037	17,652	19,409
		通所リハビリテーション	4,911	6,093	6,278
	その他	短期入所生活介護	4,515	6,216	6,664
		短期入所療養介護	4,651	5,513	5,437
		福祉用具貸与	2,685	6,317	6,051
地域密着型サービス事業所		認知症対応型通所介護	—	—	2,484
		認知症対応型共同生活介護	675	7,084	8,350
居宅介護支援事業所			17,176	27,304	27,571
介護保険施設		介護老人福祉施設	4,463	5,535	5,716
		介護老人保健施設	2,667	3,278	3,391
		介護療養型医療施設	3,862	3,400	2,929

出所）：厚生労働省「介護サービス施設・事業所調査結果の概況」

(5) 支給限度基準額

居宅介護サービス費等区分支給限度基準額		福祉用具購入費支給限度基準額	住宅改修費支給限度基準額
要介護度	支給限度基準額（月）	1万単位（年間）	2万単位（1被保険者1住宅につき）
要支援1	4,970 単位		
要支援2	10,400 単位		
要介護1	16,580 単位		
要介護2	19,480 単位		
要介護3	26,750 単位		
要介護4	30,600 単位		
要介護5	35,830 単位		

注）標準単価⇒1単位＝10円

第4章関係

1　児童福祉施設の設置状況
(1)　主な児童福祉施設の施設数および在所児（者）数の推移

各年10月1日現在

年	乳児院 施設	乳児院 在所数	母子生活支援施設 施設	母子生活支援施設 在所数	児童養護施設 施設	児童養護施設 在所数	児童自立支援施設 施設	児童自立支援施設 在所数
2000	114	2,784	290	11,555	552	28,913	57	1,790
2005	117	3,077	282	11,224	558	30,830	58	1,828
2006	120	3,143	278	10,822	559	30,764	58	1,836

注：厚生労働省「社会福祉施設等調査結果」による。(2) も同じ。なお、母子生活支援施設の定員は世帯数、在所数は世帯人員数である。

(2)　公営・私営別保育所数等の推移

各年10月1日現在

年	保育所数 総数	保育所数 公営	保育所数 私営	定員（人）	在所児数（人）	在所率（％）
2000	22,199	12,707	9,492	1,925,641	1,904,067	98.9
2005	22,624	11,752	10,872	2,060,938	2,118,079	102.8
2006	22,720	11,510	11,210	2,083,061	2,118,352	101.7

2　設置者別幼稚園数・園児数の推移

5月1日現在

年	設置者別幼稚園数（校） 計	国立	公立	私立	園児数（人）
2000	14,451	49	5,923	8,479	1,773,682
2005	13,949	49	5,546	8,354	1,738,766
2008	13,626	49	5,301	8,276	1,674,172

出所）文部科学省「学校基本調査」

3　子ども手当額

2008年度現在

手当名	対象者	手当額（月額）
児童手当	3歳未満	10,000円
	3歳以上で第1子・第2子	5,000円
	第3子以降	10,000円
児童扶養手当	児童1人	41,720円
	児童2人	46,720円
	児童3人	49,720円
	以降児童1人ふえるごと	3,000円が追加

4　子ども虐待相談対応件数

年	2000	2005	2006				
			計	身体的	ネグレクト	心理的	性的
件数	17,725	34,472	37,323	15,364	14,365	6,414	1,180

注）児童相談所における相談件数
出所）厚生労働省「社会福祉行政業務報告（福祉行政報告例）」

5　里親数の推移

単位：人

区　分	2003	2005	2006
登録里親数	7,285	7,737	7,882
委託里親数	2,015	2,370	2,453

出所）厚生労働省「社会福祉行政業務報告（福祉行政報告例）」

第 5 章関係

1　障害者手帳交付台帳登載数
(1)　身体障害者手帳交付台帳登載数の推移

各年度末現在

年	視覚障害 （人）	聴覚・平衡機能障害 （人）	音声・言語・そしゃく機能障害 （人）	肢体不自由 （人）	内部障害 （人）	総数 （人）
2001	393,870	437,468	53,345	2,480,584	1,008,028	4,373,295
2005	389,099	444,381	57,844	2,670,928	1,232,781	4,795,033
2006	389,603	447,022	59,016	2,720,337	1,279,432	4,895,410

出所）厚生労働省「社会福祉行政業務報告（福祉行政報告例）」。(2) も同じ。

(2)　療育手帳交付台帳登載数の推移

各年度末現在

年	18歳未満（人）	18歳以上（人）	総　数（人）
2001	138,030	454,058	592,088
2005	173,438	525,323	698,761
2006	181,602	546,251	727,853

(3)　精神障害者保健福祉手帳交付台帳登載数の推移　各年度末現在

年	手帳交付台帳登載数（人）	人口10万対（人）
2001	254,119	199.6
2005	467,035	365.6
2006	512,150	400.8

出所）厚生労働省「保健・衛生行政業務報告（衛生行政報告例）」

2　障害者の就労状況等
(1)　障害者の就業状況

2006年7月1日現在　　単位：千人（％）

区分	総　計	就業者	不就業者	無回答
身体障害者	1,344（100.0）	578（43.0）	722（53.7）	46（3.4）
知的障害者	355（100.0）	187（52.6）	160（45.0）	9（2.5）
精神障害者	351（100.0）	61（17.3）	282（80.7）	7（2.0）

注）15歳以上64歳以下の者が対象。
出所）厚生労働省「身体障害者、知的障害者及び精神障害者就業実態調査結果」

(2) 工賃（賃金）月額の実績（2006年度）

施設種別	就労継続支援A型事業所	就労継続支援B型事業所	福祉工場	入所・通所授産施設	小規模通所授産施設	全施設の平均工賃（賃金）
平均工賃	101,117円	11,875円	118,460円	12,766円	9,274円	15,257円

出所）厚生労働省「平成18年度工賃（賃金）月額の実績について」

(3) 障害者の実雇用率

6月1日現在

区　　分		2006年（%）	2007年（%）
民間企業	一般の民間企業	1.52	1.55
国・自治体	国の機関	2.17	2.17
	都道府県の機関	2.37	2.42
	市町村の機関	2.23	2.28
	都道府県の教育委員会	1.41	1.51
	市町村の教育委員会	1.80	1.81
特殊法人	特殊法人	1.56	1.97
	独立行政法人等	1.55	1.97
	地方独立行政法人等	1.76	1.71

出所）厚生労働省「障害者の雇用状況」

3　障害者手当（2008年度）

手当の種類	手当額（月額）
障害児福祉手当	14,380円
特別障害者手当	26,440円
特別児童扶養手当	1級 50,750円　2級 33,800円

4　特定疾患医療受給者証所持者数

注：年度末現在

年	男（人）	女（人）	総　数（人）	人口10万人対（人）
2005	232,083	333,765	565,848	442.9
2006	241,263	344,561	585,824	458.5

第6章関係

1　被保護世帯数・世帯類型別被保護世帯数（1か月平均）の推移

年	総数	高齢者世帯	障害・傷病者世帯	母子世帯	その他の世帯
2000	751,303	341,196	290,620	63,126	55,240
2005	1,041,508	451,962	389,818	90,531	107,259
2006	1,075,820	473,838	397,357	92,609	109,847

出所）厚生労働省「社会福祉行政業務報告（福祉行政報告例）」。2・3も同じ。

2　被保護実人員・保護率・扶助の種類別扶助人員（1か月平均）の推移

年	被保護実人員	保護率	生活扶助	医療扶助	住宅扶助	介護扶助	その他
2000	1,072,241	—	943,025	864,231	824,129	164,093	99,260
2005	1,475,838	11.6	1,320,413	1,207,814	1,194,020	164,093	167,264
2006	1,513,892	11.8	1,354,242	1,226,233	1,233,105	172,214	172,994

注）1　保護率は‰（人口千対）　2「その他」は、教育・出産・生業・葬祭扶助の合計

3　保護開始の主な理由別世帯数の構成割合の推移

各年9月

年	合計(%)	傷病による(%)	急迫保護で医療扶助単給(%)	要介護状態(%)	働きによる収入の減少・喪失(%)	社会保障給付金・仕送りの減少・喪失(%)	貯金等の減少・喪失(%)	その他(%)
2000	100.0	43.2	15.8	0.3	19.6	4.1	10.2	6.8
2005	100.0	42.8	11.3	0.4	19.5	4.6	14.8	6.5
2006	100.0	43.0	11.1	0.4	18.3	4.4	16.5	6.3

4 生活扶助基準の例（2008年度）

単位：円

区　　分	東京都区部等	地方郡部等
標準3人世帯（33歳・29歳・4歳）	167,170	130,680
高齢者単身世帯（68歳）	80,820	62,640
高齢者夫婦世帯（68歳・65歳）	121,940	94,500
母子世帯（30歳・4歳・2歳）	166,160	132,880

出所）厚生労働省資料（ホームページ）

5 全国のホームレスの数

単位：人

調査年	男	女	不明	合計
2003年	20,661	749	3,886	25,296
2007年	16,828	616	1,120	18,564
2008年	14,707	531	780	16,018

出所）厚生労働省「ホームレスの実態に関する全国調査（概数調査）結果」

第7章関係

1　死因別死亡数の推移

単位：人

年	悪性新生物	心疾患	脳血管疾患	肺　炎	不慮の事故	自　殺
2005	325,941	173,125	132,847	107,241	39,836	30,553
2006	329,314	173,024	128,268	107,242	38,270	29,921
2007	336,468	175,539	127,041	110,159	37,966	30,827

年	老衰	腎不全	肝疾患	慢性閉塞性肺疾患
2005	26,360	20,528	16,430	14,416
2006	27,764	21,158	16,267	14,357
2007	30,734	21,632	16,195	14,907

出所）厚生労働省「人口動態統計」。なお、「自殺」については、警察庁の統計もある。

2　医療費の動向

(1)　医療費の推移

単位：兆円

年度	総計	医療保険適用 70歳未満 被用者保険	医療保険適用 70歳未満 国民健康保険	高齢者 (70歳以上)	公費
2000	30.4	9.7	7.8	11.7	1.2
2005	32.4	9.4	8.1	13.5	1.4
2006	32.5	9.4	7.9	13.8	1.4
2007 （構成割合）	33.4 (100.0)	9.5 (28.6%)	7.9 (23.6%)	14.5 (43.4%)	1.5 (4.5%)

出所）厚生労働省「医療費の動向」。(2)も同じ。

(2)　1人当たり医療費の推移

単位：万円

年度	総計	医療保険適用 70歳未満 被用者保険	医療保険適用 70歳未満 国民健康保険	高齢者
2000	23.9	13.0	21.4	75.8
2005	25.4	13.0	21.9	75.5
2006	25.4	12.9	21.8	74.2
2007	26.2	13.1	22.5	75.7

第8章関係

1　民生委員・児童委員数の推移

各年度末現在

年	総数（人）	男（人）	女（人）
2000	215,444	100,136	115,308
2005	226,582	94,300	132,282
2006	226,821	93,921	132,900

出所）厚生労働省「社会福祉行政報告（福祉行政報告例）結果」。2も同じ。

2　社会福祉法人数の推移

年	総計	社会福祉協議会	共同募金会	社会福祉事業団	施設経営法人	その他
2000	17,002	3,403	47	152	13,303	97
2005	18,258	2,077	47	147	15,852	135
2006	18,412	1,992	47	145	16,075	153

3　共同募金会の募金実績額の推移

単位：千円

年　度	1995年度	2000年度	2006年度
実績総額	26,579,351	24,803,164	21,705,267

出所）中央共同募金会資料（ホームページ）

4　特定非営利活動法人

(1)　認証数

現在年月日	都道府県認証分	内閣府認証分	全国計
2000/3/30	3,477	323	3,800
1998/12/01～2007/3/31	31,646	2,725	34,371

出所）内閣府ＮＰＯホームページ資料。(2) も同じ。

(2) 種別法人数（複数回答・上位5位抜粋）

2008年3月31日現在

活動の種類	法人数	割合（％）
保健・医療・福祉の増進を図る活動	20,005	58.2
社会教育の推進を図る活動	15,805	46.0
まちづくりの推進を図る活動	13,916	40.5
子どもの健全育成を図る活動	13,815	40.2
学術・文化・芸術・スポーツの振興を図る活動	11,167	32.5

5 医師・歯科医師・薬剤師数の推移

各年12月31日現在

職　種	2000年	2004年	2006年
医　師	255,792人	270,371人	277,927人
歯科医師	90,857人	95,197人	97,198人
薬剤師	217,477人	241,369人	252,533人

出所）厚生労働省「医師・歯科医師・薬剤師調査」

6 社会福祉士等登録者数

2008年2月末現在

職　種	社会福祉士	介護福祉士	精神保健福祉士
登録者数	95,536人	640,402人	34,733人

出所）厚生労働省資料

7 自治体職員数

(1) 自治体職員数の推移

単位：千人

年　度	1995	2000	2005	2006	2007
職員数	3,278	3,204	3,042	2,998	2,951

出所）総務省「地方公共団体定員管理調査結果」。(2)も同じ。

(2) 部門別職員数

2007年4月1日現在

	一般行政部門（人）		教育部門（人）	消防部門（人）	警察部門（人）	公営企業等会計部門（人）	計（人）
	一般管理	福祉関係					
市町村	400,245 (29.2)	338,450 (24.7)	182,633 (13.3)	138,374 (10.1)	—	311,816 (22.7)	1,371,518 (100.0)
都道府県	199,592 (12.7)	65,145 (4.1)	925,897 (58.6)	18,512 (1.2)	280,141 (17.7)	90,491 (5.7)	1,579,778 (100.0)
計	599,837 (20.3)	403,595 (13.7)	1,108,530 (37.6)	156,886 (5.3)	280,141 (9.5)	402,307 (13.7)	2,951,296 (100.0)

注）（　）内は構成割合（％）

索　引

あ

医師・歯科医師・薬剤師…78、190
医師会・歯科医師会・薬剤師会…183
一次予防・二次予防・三次予防…161、169
1.57ショック…13
一般財源・特定財源…53、54
一般保健事業…170
医療法人…185
栄養士・管理栄養士…190
ＮＰＯ…184
エンゼルプラン…25
オンブズ…94

か

介護支援専門員（ケアマネジャー）…84、85
介護福祉士…78、190
介護保険制度
　－介護保険法…16、21、70
　－社会保険方式…72、73
　－保険者…73
　－被保険者（第1号被保険者・第2号被保険者）…74、75
　－保険事故（要介護・要支援状態）…75、76、83
　－保険給付（種類・方法）…77
　－居宅サービス…77、78
　－施設サービス…79、80
　－地域密着型サービス…80、81
　－上乗せ・横出しサービス…82
　－地域支援事業…87、88
　－ケアマネジメント…84、85
　－介護予防…86、87
　－地域包括支援センター…88、89
　－特定疾病…75
　－保険料…90、91
　－介護保険事業計画…93、94

　－介護報酬…92
　－連座制…92
家庭的保育事業…105
借入金残高…27
看護師…78、88、190
機関委任事務…14、15
基礎自治体・広域自治体…4、8、9
基本構想・基本計画（長期総合計画）…39
基本法…51
行政処分…19、21
行政庁…19、147
協働…195
共同募金会…181
業務独占・名称独占…189
規律密度の高い法令…50、71
金銭給付・現物給付…150、151
苦情解決…22、23
国の役割…7
計画・法務・財務…45、46
権限の委任と代理…146
健康寿命…162
健康日本21…161、162
言語聴覚士…190
現物給付・現金給付…77、166
現物給付化…86、130
公共課題・公共政策…31
合計特殊出生率…13
更生・援護…204
公的年金の仕組み・体系…62、63
高齢化社会・高齢社会…11
高齢者虐待…68、69、70
国勢調査…11
国法・福祉法…50、51
国民皆保険制度…164
国民健康保険
　－保険者…165

－被保険者…166
－保険給付…166
－一部負担金…166
－保険料（税）…167
国民年金
　－財政方式（積立方式・賦課方式）…64
　－財源方式（社会保険方式・税方式）
　　…64、65
　－給付の種類（老齢・障害・遺族基礎年金）
　　…65
　－年金事務…63
国立社会保障・人口問題研究所…11
誇大公告の禁止…23
国庫支出金…55
子ども家庭支援センター…107
子ども虐待…114、115、116
ゴールドプラン…24

さ

財源の縮小…27
財政・財務…52
財政の硬直化・経常収支比率…26
里親制度…113
サービスの質の評価…23、24
差別問題…203、204
三位一体改革…27
資産調査（ミーンズ・テスト）・スティグマ
　…153、154
自治基本条例…49
自治事務・法定受託事務…15
自治体議会…3、37
自治体職員…38、192、193、194
自治体政府…4、5
自治体の長…3、37
自治体の役割…8、9
自治体法・条例…49、50
指定都市・中核市・特例市…4
児童館…111
児童・少年の定義…99

児童自立支援施設…113
児童相談所…8、116、187
児童手当…108
児童の権利に関する条約…100
児童福祉司…116、187、191
児童福祉施設…107
児童福祉法…17、50、99、126
児童扶養手当…109
児童遊園…111
児童養護施設…113
ジニ係数…28
市民…5、6、37、177
社会資源…125、194
社会福祉協議会…22、23、180、181
社会福祉士…88、190
社会福祉事業（第1種・第2種）…179、180
社会福祉主事…186、191
社会福祉法人…179、180、181
社団法人・財団法人…181、182、183
社会保険庁…63、64、165
従来型財務・政策財務…51、52
従来型法務・政策法務…47、48、49
受動喫煙の防止…164
障害者手当…139、140
障害者（身体・知的・精神）…123、124
障害者基本法…44、123、125
障害者権利条約…204
障害者差別禁止条例…205
障害者支援費制度…126
障害者自立支援制度
　－障害者自立支援法…17、18、22、126
　－自立支援システム…127
　－障害福祉サービス…127、128
　－認定・支給決定…129、130
　－相談支援（ケアマネジメント）…131
　－自立支援医療…132
　－補助具費の支給…133
　－地域生活支援事業…134
　－日常生活用具…134

─障害児施設の利用…133
─障害福祉計画…44、135
─審査請求…136
─地域自立支援協議会…127
障害者プラン…25、26
障害の分類…124
償還払い・代理受領…86
消費生活協同組合…185
情報提供・説明・書面交付…23、24
将来推計人口…10
条例による事務処理の特例…9
助産施設…21、107
所得格差…28
自立の意味…125
シルバー人材センター…66、182
人口置換え水準…13
審査請求…95、136、155
身体障害者福祉法…50、123、126
信託・複数信託論…5、6
水準均衡方式…153
健やか親子21…172
生活習慣病…161
生活の質（QOL）…161
生活保護基準…152、153
生活保護の原理…148、149
生活保護の実施原則…149、150
生活保護の種類…150、151
生活保護費…152、153
生活保護法…50、145
政策
　─の意義…31
　─の構造（政策・施策・事業）…32
　─サイクル（形成・実施・評価）…32、33、34
　─思考過程…36
政策法…46
生産年齢人口…9
政治・行政…5
精神保健福祉士…190

政府…3、4、5、6、7、8、9
世帯構成の変化…13
前期高齢者・後期高齢者…10
前期高齢者医療制度…172
総人口の減少…10
措置・契約…18、19、20、21、70、105、126

た

待機児童…100、101
大数の法則と保険制度…73
地域保険・職域保険…164
知的障害者福祉法…50、126
長期生活資金制度…154
特定健康診査・特定保健指導…170
特定非営利活動法人（NPO法人）…184
特別区…4、8
都道府県支出金…55

な

難病・特定疾患…140
2000年分権改革…3、15
2015年の高齢社会像…94
乳児院…112
認可・認定・認証…102
認証保育所…106
認定こども園…101、102、103
ネットワーク…194、195
年少人口…9、12
農業協同組合…185
納付金・調整金・報奨金…139
ノーマライゼーション…26

は

倍化年数…11
バリアフリー法…206、207
バリアフリー・ユニバーサルデザイン…205、206
発達障害者…141、142
反射的利益…19

非正規労働者…28
ひとり親家庭…116、117
被保護者・要保護者…146
費用徴収…55
病院・診療所…185
ファミリーサポートセンター…107
福祉教育…199、200、201
福祉計画
 －地域福祉計画…41
 －老人福祉計画…16、42
 －介護保険事業計画…42、43、93、94
 －次世代育成支援行動計画…25、43、118
 －保育計画…44
 －障害者計画…26、44
 －障害福祉計画…26、44、135
 －健康増進計画…45、163
福祉公社…67、182
福祉サービス利用援助事業…22
福祉三法・福祉六法…50
福祉事務所…8、146、147、186
福祉政策…35
福祉政策経費…53、54、55
福祉的就労・一般就労…137、138
福祉のまちづくり…207
福祉8法の改正…16
福祉文化の意義…202
附属機関・私的諮問機関…188
平均寿命…12
保育士…101、102、190
保育所…21、103、104、105
保育の実施…103
法外援護…157
放課後子ども教室推進事業…109、110、111
放課後子どもプラン…109
放課後児童健全育成事業（放課後学童クラブ）…17、109、110
法人の意義…179
法人の分類…178
法定雇用率…138、139

法にもとづく行政（法治主義・法の支配）…46
訪問介護員（ホームヘルパー）…191
補完性の原則…6、7
保健師…88、174、188、190
保健所…8、187、188
保護司・保護司会…177
保護施設…152
母子及び寡婦福祉法…116
母子生活支援施設…21、112
母子福祉資金の貸付け…116
母子保健事業…173
ホームレス…158

ま

民生委員・児童委員…177
民生費…53
無認可保育所…106
メタボリック・シンドローム…170、171

や

幼稚園の預り保育…106
幼保一元化・幼保一体化…102、105
予算と政策…52

ら

濫給・漏給…154
理学療法・作業療法…78
理学療法士・作業療法士…190
リハビリテーション…26
リバース・モーゲージ…67、154、183
老人クラブ…61
老人の日・敬老の日…59
老人福祉施設…60
老人福祉法…59、60
老人ホーム…60
老年人口（高齢者人口）…9

【筆者紹介】
加藤　良重〔かとう　よししげ〕
　1940年山梨県生まれ。1964年明治大学法学部卒業、同年東京・小金井市役所に入職し、教育・総務・人事・企画・納税・高齢福祉の各部門をへて福祉保健部長を最後に2001年定年退職。退職直後から2006年3月まで東京都市町村職員研修所特別講師。その後、流通経済大学（自治体経営論）、国際キリスト教大学（地方自治論）の各非常勤講師。
現在：法政大学法学部・現代福祉学部兼任講師（福祉政策・社会福祉法制・福祉行財政論）、拓殖大学政経学部非常勤講師（地方自治法）など
著書：『地方政府と政策法務』『政策財務と地方政府』（以上、公人の友社）、『自治体政策と訴訟法務』（共編著・学陽書房）、『政策法務と自治体』（共編著・日本評論社）など

自治体政府の福祉政策

2009年2月4日　第1版第1刷発行
著　者　加藤　良重
発行者　武内　英晴
発行所　株式会社 公人の友社
　　　　〒112-0002 東京都文京区小石川 5-26-8
　　　　電話　03-3811-5701　FAX 03-3811-5795
　　　　メールアドレス　koujin@alpha.ocn.ne.jp
印刷所　倉敷印刷株式会社
カバーデザイン　有賀　強